Le Prénom

El Mouhoub Mouhoud

Le Prénom

Esquisse pour une auto-histoire
de l'immigration algérienne

Éditions du Seuil
57, rue Gaston-Tessier, Paris XIXe

ISBN 978-2-02-157636-8

www.seuil.com

À mon père, à ma mère,
et à mes sœurs Nadia et Nabila.
À Christine, Yassine, Théo-Tarik, Sara et Azel.

Pour la mémoire de mon père

« Pour que le caractère d'un être humain dévoile des qualités vraiment exceptionnelles, il faut avoir la bonne fortune de pouvoir observer son action durant de longues années. Si cette action est dépouillée de tout égoïsme, si l'idée qui la dirige est d'une générosité sans exemple, s'il est absolument certain qu'elle n'a cherché de récompense nulle part, et qu'au surplus elle ait laissé sur le monde des marques visibles, on est alors, sans risque d'erreur, devant une personnalité inoubliable. »

Jean Giono,
L'homme qui plantait des arbres,
Gallimard, 1983

Pour tous les migrants

« ils avaient renoncé à leur passé et à leur histoire ils avaient tout abandonné pour tenter de venir vivre ici une vie qu'on ne leur pas donné le droit de vivre dans leur pays natal et ils étaient désormais face à l'inexorable ».

Georges Perec,
Ellis Island, P.O.L 1995

Introduction

Ma vie de chercheur et de professeur des universités ne m'a jamais laissé ni le temps ni le désir d'écrire un livre sur mon histoire. J'ai consacré avec passion beaucoup d'énergie à travailler, à écrire des articles et des ouvrages d'économie, à enseigner et à assumer des responsabilités à l'université et dans les organismes de recherche. Jean-Bertrand Pontalis, dans son livre *En marge des jours*, raconte qu'il jetait des notes sur des cahiers sans chercher à en faire quelque chose. Comme Pontalis, d'année en année, j'ai pris des notes que je mettais de côté, pour plus tard, dans une boîte à chaussures. Ces fragments d'un journal épisodique sont devenus des archives ; et ces archives m'ont aidé à dessiner cette histoire sociale et politique personnelle de l'é(im)migration algérienne en France.

Il m'a fallu remonter à la période qui a précédé mon émigration vers la France, celle de la Kabylie de mes parents dans les années 1940 et 1950 (en passant par la guerre d'Algérie), puis celle qui m'a vu naître au début des années 1960 et recevoir le prénom de El Mouhoub, « celui qui reçoit ». C'était le prénom porté par mon grand-père paternel ; et il m'a été donné par ma grand-mère. Ce prénom s'inscrit dans l'histoire de la Kabylie coloniale. Il m'a été transmis à l'aube de l'indépendance de l'Algérie. J'ai grandi avec ce prénom, émigré avec ce prénom, et il est la signature de mes publications – même si parfois je le réduis à ses initiales. Sa redondance avec mon nom ne me rend pas la vie facile et a contribué à construire une grande partie de mes identités. Ce prénom est resté accroché à moi, malgré quelques tentatives sans lendemain pour le changer. C'est peut-être aussi moi qui me suis accroché à lui, même après mon arrivée dans la région parisienne, dans cette France des années 1970.

Pourquoi une esquisse d'« auto-histoire[1] » de l'immigration algérienne alors qu'il ne s'agit pas d'un pur travail d'historien ? Parce que mon parcours est loin d'être exceptionnel. Il témoigne simplement que l'émigration et les réussites sociales et scolaires individuelles des immigrés et de leurs descendants – beaucoup plus nombreuses que les débats publics qui instrumentalisent cette question à des fins politiques n'invitent à les voir – sont le produit d'une histoire sociale, familiale, et culturelle. L'immigré transporte avec lui des générations d'histoires dont il hérite, formées dans d'autres contextes, d'autres pays, d'autres cultures. Trop souvent l'histoire des nouveaux arrivants est réduite à néant. Que l'immigration soit perçue comme une chance ou un fardeau, l'histoire des immigrés ne débute aux yeux du pays d'accueil qu'à partir de leur arrivée.

Il faut pourtant garder en mémoire ce que dit le théoricien de la socio-analyse de l'émigration, Abdelmalek Sayad, dans son article « Les trois "âges" de l'émigration algérienne en France » : « Toute étude de l'émigration qui négligerait les conditions d'origine des émigrés se condamnerait à ne donner du phénomène migratoire qu'une vue, à la fois, partielle et ethnocentrique : d'une part, comme si son existence commençait au moment où il arrive en France, c'est l'immigrant – et lui seul – et non l'émigré qui est pris en considération ; d'autre part, la problématique, explicite et implicite, est toujours celle de l'adaptation à la société d'accueil[2]. »

Je me souviens que mon père, travailleur émigré en France comme beaucoup de citoyens algériens après l'indépendance de leur pays, était revenu en Algérie durant l'été 1967. J'avais sept ans. Assis sur ses genoux, sur le balcon de l'appartement de la cité Jolie Vue à Kouba, une petite banlieue d'Alger, où nous vivions alors avec ma grand-mère, mes oncles et mes tantes, il m'avait dit très simplement : « Il faut devenir quelqu'un ! » Ces mots, prononcés à moitié en kabyle et à moitié en français, m'ont troublé : « Devenir quelqu'un ? » « Oui, quelqu'un qui a étudié » (*elaavedh y gyaghran*, en langue kabyle). Littéralement « une personne qui a lu, qui a été instruite, éduquée, qui est devenue quelqu'un qui sait et qui transmet… ». Cette phrase m'a habité tout au long de ma vie. Elle semblait exister par elle-même, détachée de toute définition concrète. Une seule idée pourtant en découlait naturellement : le savoir, et sa transmission. Cette injonction à réussir n'a jamais évoqué, même de manière implicite, une réussite matérielle. Elle parlait d'accomplissement personnel par le savoir et signifiait aussi la valorisation symbolique de tout le groupe familial.

Le terreau qui a permis à cet impératif de réussite scolaire de prendre racine en moi existait déjà dans la culture des villages maraboutiques et dans toute la Kabylie. Comme l'écrivait Albert Camus dans ses *Chroniques algériennes*, « les Kabyles réclament des écoles comme ils réclament le pain[3] ». Ces mots résonnaient comme une vérité partagée, ancrée profondément dans la réalité de cette région où la soif de savoir était, pour beaucoup, aussi essentielle que la satisfaction des besoins primaires. On parle, souvent sans précision, de notions d'« ascenseur social » ou de « transfuge de classe » pour invoquer des réussites plus ou moins fulgurantes de personnes issues de classes populaires, ouvrières, ou paysannes, de classes qu'on qualifie souvent vulgairement de « modestes » ou de « défavorisées », en occultant les couches successives, historiques, symboliques immatérielles, qui ont été à l'origine de ces trajectoires. En réalité, c'est moins une question d'« ascension sociale » que de « réparation sociale » dont il convient de parler. Mon père et ma mère, tous les deux intelligents, brillants et visionnaires, n'ont pas eu la chance de trouver des structures scolaires et sociales favorables en Algérie dans les années 1940-1950. Mais l'immigration en France à l'âge de dix ans, grâce au regroupement familial décidé par mon père dans les années 1970, nous a permis à mes sœurs et moi de bénéficier des infrastructures scolaires de la République. C'est ce que j'ai la tentation d'appeler la « réparation sociale ». C'est aussi la réussite formidable du modèle français d'intégration de vagues entières d'immigration grâce à l'école de la République qui est racontée ici à travers ce témoignage. Au lieu de focaliser les « débats » sur les deux segments opposés de l'immigration, la délinquance dans les cités d'un côté et les héros du football de l'autre, penchons-nous sur la majorité des jeunes femmes et hommes issus de l'immigration qui s'intègrent par la réussite scolaire, dans et par l'école publique de la République. C'est bien cette rencontre entre l'histoire collective longue qui a précédé l'immigration d'une famille et sa confrontation aux conditions sociales et politiques du pays d'arrivée, la chance de rencontrer des professeurs engagés et habités par leur mission de transmission, que veut raconter ce livre.

I.
L'Algérie, 1940-1970

Pas de chasse aux papillons

Durant l'été 1992, la lecture de la passionnante biographie de Vladimir Nabokov par Brian Boyd[1] était mon alibi pour reporter la correction des épreuves de mon livre[2] issu de ma thèse de doctorat ; et l'écriture d'un article, juste après ma nomination comme maître de conférences d'économie à l'université. J'avais trente-deux ans. Assis à la terrasse du café face à la fontaine aux lions de la place Félix Éboué dans le 12e arrondissement où nous habitions alors, je lisais ce livre en buvant un café et en fumant des cigarettes. Les parents de Nabokov l'incitaient à suivre son instinct, son envie immédiate, comme chasser les papillons, et jouir pleinement de la quiétude de son enfance. Il n'y avait aucune injonction de réussite dans cette famille de la grande bourgeoisie russe. S'occuper comme on le souhaite, s'adonner à l'art et aux passions à l'heure présente : une enfance qui n'était pas la mienne. La mienne était pleine de richesses immatérielles, marquée aussi par sa part d'insouciance. J'ai vécu quatre belles années de relative quiétude lorsque mon père, émigré en France comme beaucoup de jeunes hommes de l'Algérie indépendante, nous a laissés, ma mère, ma sœur et moi, à Alger, chez ma grand-mère Djamila, entre 1966 et 1970, avant notre arrivée en France. Cette insouciance, je la devais à la rêverie éveillée de la bande d'enfants que nous formions, mes trois oncles maternels et moi. Ma grand-mère comme ma mère avaient enfanté leurs progénitures à un âge précoce de quinze ou seize ans, juste après leur mariage. Mes oncles maternels avaient donc entre deux et cinq ans de plus que moi et le dernier avait mon âge. Nous passions notre temps sur le petit balcon de quelques mètres carrés du trois-pièces que nous occupions dans la cité Jolie Vue à Kouba.

J'étais un enfant à la fois joyeux et inquiet. Mon inquiétude trouvait son origine dans les impératifs de réussite scolaire que mon père, très vite, m'a transmis. « En dehors de l'école – *l'instruction*, aimait-il à préciser – point de salut ! »

Pour moi, la traversée des frontières, d'abord du village natal Tifrit Nath Oumalik, de la tribu des Aït Idjeur, en Grande Kabylie, vers Alger, à l'âge de six ans, puis d'Alger à la région parisienne à l'âge de dix ans, devait avoir pour contrepartie la réalisation des objectifs de réussite scolaire.

Cet été 1992, j'écrivais dans mon journal épisodique : « Je ne puis m'empêcher de m'identifier à l'écrivain – Nabokov – de manière symétriquement inverse. » Je retrouve ces mots du biographe : « C'est parce que Nabokov appréciait si intensément le bonheur de se livrer à une passion si intensément détonnante et excentrique (chasser les papillons) qu'il avait ses propres raisons toutes particulières d'adopter les principes politiques de son père et de prôner la liberté selon sa propre version des vers de Pouchkine :

Ne rendre de comptes à personne ;
Être son seul vassal et seigneur ;
Ne plaire qu'à soi seul ;
Ne pas courber l'échine ;
Ne pas altérer ses intimes convictions ni ses pensées
Pour obtenir ce qui semble pouvoir
Mais n'est que livrée de laquais… »

Ces vers de Pouchkine, je me les répète chaque jour depuis trente ans. Mais je dois bien reconnaître que ce n'est pas un hasard si j'ai omis de retenir les trois premiers. « Ne rendre de comptes à personne » ne m'a pas été possible. Je n'ai pas été « mon seul vassal et seigneur ». Je n'ai pas été capable de « ne plaire qu'à moi-même », car je devais assouvir le mandat de mon père. Il fallait satisfaire mes parents et tout le cortège du village dont nous étions issus et que nous sacralisions, au-dessus même de ce qui pouvait être une patrie. On y reviendra : les parents devaient démontrer que notre départ en France se faisait pour de nobles raisons, en tout premier chef pour donner une « instruction » à leurs enfants et, par là même, vivre une meilleure vie.

Le prénom

Mon prénom, El Mouhoub, était donné depuis plusieurs générations dans le petit village où je suis né, Tifrit Nath Oumalik, en Grande Kabylie, à cinquante kilomètres au sud-est de Tizi Ouzou, dans le « haut Sebaou », près d'Azazga. Il appartient à la commune d'Idjeur, dans la *daïra* (sous-préfecture) de Bouzeguène, de la *wilaya* (préfecture) de Tizi Ouzou.

Tifrit Nath Oumalik est entouré de six autres villages : Bu'awen, Iguersafène, Mehagga, Ighil-Boukiassa, Aït Aïcha et Ighrayen. Environ deux mille habitants y vivent, répartis en une vingtaine de clans[3]. Tifrit Nath Oumalik est un village maraboutique, *morabit*. Son saint, Sidi M'hand Oumalek, s'y était installé à la fin du XVe siècle et avait fondé une zaouïa, un établissement religieux d'une confrérie musulmane. Le rôle principal des zaouïas est l'enseignement par l'apprentissage (*hafadha*) des versets du Coran. Les marabouts, *imravdhen* en langue amazigh, ou *morabitin* en arabe, furent parmi les premiers Berbères convertis à l'islam. Ils ont été à l'origine de l'islamisation de la Kabylie. Ils ont aussi constitué une aristocratie religieuse locale, endogame et fermée sur ses privilèges. À la fois respectée, redoutée et parfois détestée. Ce mouvement religieux et social, issu d'une tradition mystique, s'est développé au cours du XVIIe siècle. Regroupés au sein de confréries soufies[4], les marabouts avaient organisé des structures sociales et d'entraide au service de l'ensemble de la communauté villageoise ou tribale. Ils avaient formé un islam syncrétique, capable d'épouser les coutumes et rites locaux, souvent inspirés des croyances païennes encore présentes en Kabylie où les filles comme les garçons héritent de l'appartenance à la « caste maraboutique ».

Certains ayant étudié le Coran et ce faisant devenus « cheikhs » (enseignants) prodiguaient à leurs apprentis, souvent leurs descendants, des enseignements religieux, des pratiques de guérison, et des compétences rituelles. Ils étaient consultés par les populations kabyles pour des questions religieuses, mais aussi pour des affaires personnelles, des conseils juridiques et des solutions aux problèmes quotidiens. La voie de la réussite passait par l'étude du Coran, dans la perspective de devenir cheikh et d'enseigner.

Dans *Les Portes de l'année*, Jean Servier évoque le rassemblement des hommes du village de Tifrit, rejoints par ceux du village voisin de Bu'awen, sur le djebel Afroun, cette montagne qui domine Tifrit Nath Oumalik. Les hommes partageaient un repas frugal composé de galettes dures et de figues sèches. Deux d'entre eux, choisis parmi les villages, grimpaient ensuite au sommet des deux pitons qui surplombent le plateau. L'auteur décrit avec précision comment les marabouts invoquaient les saints de Dieu, implorant la pluie pour mettre fin à la sécheresse qui ravageait la terre, afin que « les enfants soient rassasiés de pain et que le bétail ait de quoi boire et manger ».

Jean Servier, qui maîtrisait parfaitement les langues amazighes (berbères), a fait de son livre une précieuse source d'informations sur les rituels et la vie sociale de l'Algérie profonde. Cet ouvrage m'a été offert par un ancien lieutenant-colonel du nom de Fernand Moulyade, qui avait dirigé le camp de Nath Aïcha, village surplombant la tribu des Ath Idjeur, au sud-est de Tifrit. Mon père, alors âgé de dix-huit ans, avait été embauché comme chauffeur par le lieutenant-colonel, grâce à son permis de conduire. Contrairement aux supplétifs engagés avec l'armée française, ces jeunes étaient employés pour assurer le fonctionnement quotidien du camp militaire.

Moulyade avait gardé un lien fort avec les Tifritiens qu'il avait employés au camp, prenant notamment mon père en sympathie. Il avait continué à s'intéresser au sort des habitants de notre village et de leurs familles. Admiratif du parcours de mon père et, plus tard, de ma « réussite universitaire », il était resté un témoin bienveillant de nos trajectoires, marquant ainsi une forme de respect pour les liens tissés malgré les circonstances complexes de cette époque. Il m'avait aussi légué ce livre de Jean Servier, que l'auteur lui avait dédicacé : « À Monsieur Fernand Moulyade ce modeste témoignage de ma bien sincère reconnaissance, *Les Portes de l'année*, qui par la force de la prière des humbles ont été pour moi les portes de la Vie. »

Les marabouts fournissaient des services éducatifs et religieux aux villageois. Ils favorisaient la cohésion sociale en arbitrant les conflits locaux et en encourageant la solidarité communautaire. Ils ont aussi joué un rôle dans la résistance contre les autorités coloniales ou les pouvoirs centraux, contribuant à maintenir une certaine autonomie de la région. Leur rôle social, qui demeure respecté, est notamment de résoudre les conflits, parfois violents, entre familles ou clans au sein des villages ou entre les villages. La plupart des litiges étaient liés aux « droits » de propriété de parcelles de terre ; dans une région qui n'avait pas et n'a toujours pas, dans de nombreux cas, de droit foncier écrit.

L'écrivain Mouloud Mammeri, qui a tant fait pour faire renaître la langue et la culture berbères, raconte longuement dans son premier roman, *La Colline oubliée*[5], les combats et vengeances entre familles d'un même village, pour un petit bout de terrain. La rancune et la vengeance perdurent et se reproduisent, encore aujourd'hui, de père en fils durant plusieurs générations. Tout se transmet de manière orale par le biais des témoignages des vivants qui peuvent attester que telle ou telle parcelle appartient à telle ou telle famille.

Ces pratiques syncrétiques, et l'adoration des saints *morabitin*, sont contestées par les intégristes religieux, qui les considèrent comme des pratiques et croyances non orthodoxes. D'ailleurs, certains groupes ont bien tenté d'en découdre, durant la période de terreur du début des années 1990 qui a suivi l'arrêt du processus électoral en Algérie consacrant la victoire confisquée des islamistes du Front islamique du salut (FIS), la prise de pouvoir direct par l'armée installant un « Haut Comité d'État », l'installation d'un climat de terreur dans toute l'Algérie. Des jeunes hommes issus des deuxième ou troisième générations d'émigrés partis de notre village pour s'installer à Alger, dans les quartiers de la Kasbah, de Bab El Oued ou d'El Harrach, avaient rejoint les idées, sinon l'organisation du FIS, des Frères musulmans algériens. Durant l'année 1997, la plus meurtrière de cette décennie noire, ces quelques jeunes « émigrés » algérois ont essayé à deux reprises d'intervenir dans le fonctionnement de la zaouïa de notre village pour tenter d'interdire l'adoration, à leurs yeux blasphématoire, du saint maraboutique dont le tombeau se trouve dans le mausolée jouxtant la vieille mosquée du village, en tentant de dicter à l'imam leur manière de conduire la prière. Dans d'autres endroits d'Algérie, les islamistes du Groupement islamique armé avaient même brûlé les tombeaux des saints, comme celui de Sidi-Boumediene à Tlemcen, un saint venu de la Petite Kabylie s'installer dans cette partie occidentale de l'Algérie. L'historienne Catherine

Mayeur-Jaouen montre, dans *Le Culte des saints musulmans. Des débuts de l'islam à nos jours* (Gallimard, 2024), comment l'islam radical, salafiste en particulier, combat cette forme de piété populaire dans les pays musulmans, qu'il qualifie d'« associationnisme ».

Condamnés à une peine d'amende substantielle par la *djemâ'a* (assemblée) et son comité du village, ils n'ont jamais réitéré leurs actes. Ils n'étaient peut-être pas totalement sûrs de leurs convictions et craignaient sans doute davantage la malédiction du saint M'Hend Oumalik que l'amende que leur a infligée le comité du village. Leurs convictions intégristes n'ont pu tenir face au rempart contre l'islamisme que représentent toujours les structures maraboutiques.

Ma grand-mère paternelle, Ourdia, m'a donné le prénom que portait mon grand-père paternel, qui s'appelait aussi El-Mouhoub, L'Muhuv en prononciation kabyle. C'est un prénom d'origine arabe dont la racine est « *wahaba* », du verbe « donner ». La forme passive du verbe « *wahaba* », *mawhoub*, exprime celui qui reçoit le don. Adapté en langue amazigh dans laquelle le « b » se prononce « v », il est devenu L'Muhuv. Transcrit en français par le scribe de la mairie qui tenait les registres de naissance selon les règles de l'administration coloniale française, cela a donné El-Mouhoub. Comme l'écrivain et poète d'origine kabyle, Jean El-Mouhoub Amrouche…

Personne, sauf peut-être ma mère, n'avait réalisé que la combinaison de mon prénom et de mon nom de famille donnerait El Mouhoub MOUHOUD, et que cela allait provoquer une drôle de répétition qui allait me rendre la vie parfois difficile. Cela fait maintenant plus de cinquante ans, depuis mon arrivée en France, que je traîne péniblement ce « doublon ».

Ce prénom, je l'ai reçu comme un sacerdoce, je l'ai peut-être aussi vécu comme une promesse. Chaque fois que j'essayais de lui substituer un autre prénom, arabe ou berbère, c'était la promesse que je tuais. Des années de psychanalyse m'ont finalement permis de renoncer (provisoirement) à changer de prénom. Je me suis accroché à des personnages célèbres portant des noms et prénoms similaires : le footballeur Michel Michel, le chef indépendantiste kanak Yéwéné Yéwéné tué par les gendarmes du GIGN en Nouvelle-Calédonie, Boutros Boutros-Ghali, ancien secrétaire général de l'ONU, William Carlos Williams, le poète américain…

J'ai récemment découvert, lors d'un conseil d'administration d'un institut académique, qu'un autre camarade partageait avec moi cette drôle de similitude. Nous étions trois nouveaux venus. En me présentant aux administrateurs à la demande du président, j'ai aperçu soudain inscrits sur un chevalet le prénom et le nom de mon voisin de droite, professeur de médecine : El Khoury Khoury. Je n'ai pu m'empêcher de tenter une plaisanterie en exprimant le soulagement de ne pas me sentir seul dans cette assistance.

Mais dans mon cas, une petite différence s'est immiscée entre mon nom et mon prénom qui m'a souvent embêté. Un détail diabolique, quasi invisible et surtout inaudible, sépare mon nom et mon prénom : deux lettres terminales différentes mais si proches au son de leur prononciation. Le prénom se termine par un *b* et le nom par un *d*. El Mouhoub Mouhoud. Sans oublier l'article défini apposé à ce prénom, alors qu'usuellement, l'article défini « El » (Le) précède le patronyme et non le prénom.

Les quelques tentatives pour modifier mon prénom ont échoué. J'ai tenté d'ajouter des lettres : *Elias* Mouhoub. C'était ce prénom que j'avais « essayé » au Caire, en décembre 2010, lors d'une conférence que j'avais organisée, juste avant le soulèvement de la place Tahrir. Il m'était apparu, quelques semaines plus tard, impossible de ne pas avertir mon père d'une émission de radio sur France Inter, et surtout qu'il allait entendre mon nouveau prénom prononcé par le journaliste. À ma surprise, il était resté impassible et m'avait même répondu que j'aurais dû le faire bien avant. Mais au fond de moi, je ressentais quelque chose d'imperceptible qui ressemblait à un reproche, celui du reniement des racines. Dès l'âge de cinq ou six ans, en Algérie déjà, à plusieurs reprises, j'avais confié à mes parents la gêne que j'éprouvais. Dès cet âge, je précisais que j'aimais mon prénom et que c'était seulement la répétition qui me gênait. Et eux me répondaient toujours que j'avais un beau prénom et qu'il me porterait bonheur. Je leur demandais souvent pourquoi ils n'avaient pas fait inscrire sur les papiers de naissance un prénom plus facile, et chaque fois que cette conversation refaisait surface, la même réponse : « Ta grand-mère voulait qu'il en soit également ainsi sur les papiers », ajoutait ma mère. Tout analphabète qu'elle était, elle avait en effet exigé l'inscription de mon prénom sur les registres de naissance, en se rendant elle-même auprès du secrétaire de la commune.

Ce soir-là, juste avant d'arriver à la radio, je venais de recevoir la bénédiction de mes parents.

J'avais entendu le journaliste me présenter : « Elias Mouhoub Mouhoud, vous êtes professeur d'économie à l'université Paris Dauphine… » Mais quelques jours plus tard, le doute s'est de nouveau installé. Je ne pouvais pas continuer avec un prénom qui n'était pas le mien. Me revenait l'image de ce grand-père dont je portais le prénom, que je n'avais jamais connu et dont on m'a si souvent parlé, qu'on me décrivait comme un homme courageux, valeureux, juste et équitable. Il avait été élu « *amin* », littéralement « homme de confiance », président du comité de l'assemblée du village (*tajmat*[6]), et défendait toujours, disait-on, la veuve et l'orphelin.

La difficulté à changer ce prénom n'est pas étrangère à cette figure du grand-père. Il ne s'agit pas dans ce cas précis d'un sobriquet à remplacer, même si la réflexion habituelle que je m'entends recevoir de la part de toute la « société d'accueil » est la même : « Eh bien tes parents ne t'ont pas aidé ! » Récemment, un proche collègue que je connais depuis vingt ans, qui a dû voir mon prénom et mon nom écrits en moyenne près de 6 fois par mois, soit 72 fois par an sur une période de vingt ans, ce qui fait un total de 1 440 fois, et qui a dû le prononcer plus de 3 000 fois, a commis l'erreur habituelle de confusion entre mon nom et mon prénom en m'appelant par mon nom. Et lorsque je le lui ai fait remarquer, il a répondu : « Mais vraiment, tes parents ne t'ont pas épargné ! » Souvent, je donne des explications de cette bizarrerie en réponse à cette moquerie implicite. Je raconte gentiment la vérité : dans la tradition kabyle, la coutume a longtemps été de donner le prénom du grand-père paternel au petit-fils aîné. Peu importait la correspondance nom-prénom, puisque le nom patronymique a été une invention de l'administration coloniale. Puis je me laisse aller, avec un certain plaisir, à la plaisanterie : « Le B avant le D c'est l'ordre alphabétique, c'est facile à retenir. » J'ajoute enfin mon mot d'esprit préféré : « Je fais l'hypothèse que vous êtes alphabétisé ! »

L'invention coloniale du patronyme

Dans une région de tradition orale comme la Kabylie, la force de l'écrit ne venait pas de nulle part. Elle était d'abord nourrie de la tension entre d'un côté les institutions traditionnelles, les assemblées de village appelées « *djemâ'a*[7] » utilisant l'oralité, et de l'autre les structures de l'administration coloniale imposant le pouvoir de l'écrit de la loi et des décrets en langue française. L'écrit en français, assimilé à l'administration coloniale et à la loi étrangère, passait pour un instrument d'aliénation ou de contrôle des activités des assemblées de village et des villageois[8]. À l'inverse, l'oralité, profondément ancrée dans les pratiques communautaires, demeurait le socle incontesté de la légitimité sociale, politique et juridique. En cherchant à consigner par écrit les coutumes kabyles – par exemple dans le fameux recueil des *Coutumes kabyles* compilé par Hanoteau et Letourneux en 1873 –, l'administration française pensait unifier et figer à son usage un droit local jusque-là oral et vivant. Cette méfiance à l'égard des règles écrites se reflétait dans la transmission des normes : si certaines étaient consignées dans des *qanûn* (codes coutumiers) – souvent sous l'égide des administrateurs – la plupart étaient confiées à la mémoire collective et à la tradition orale.

La parole échangée au sein de l'assemblée du village (*tajmat*) conservait toute son autorité : c'est là que les règles coutumières étaient débattues et ajustées selon le consensus de la communauté. L'administration coloniale est intervenue directement dans la vie des gens en changeant leurs identités et en imposant une sorte de double identité :

l'une assignée par l'écrit ; et l'autre héritée de la tradition orale, celle des coutumes locales et du fonctionnement des assemblées de village fondées sur le principe absolu de l'unanimité[9].

L'administration, d'abord militaire puis civile à partir de 1871, de la Grande Kabylie n'était pas homogène. Elle a à la fois reproduit le système d'organisation villageois local (les assemblées de village appelées « *tajmat* » en langue kabyle et « *djemâ'a* » en arabe) et mis en place des structures intermédiaires entre l'assemblée de village et le commandant de cercle s'inspirant de l'organisation tribale[10]. Les officiers administrateurs ont essayé de formaliser le mode de fonctionnement des *djemâ'a*[11]. C'est là un aspect important et spécifique de l'expérience de l'administration militaire coloniale de la Grande Kabylie jusqu'à l'administration civile de 1871. Ce qui s'est traduit par l'objectivation par l'écrit des « *qanûn* » (règles de droit) publiés par les assemblées de village. À partir de 1857, les transcriptions des « *qanûn* » se sont multipliées. Dans un premier temps, à l'instigation des administrateurs et ensuite, spontanément, d'abord en langue arabe, puis à la faveur de la scolarisation précoce de certaines localités kabyles, en langue française[12]. Les militaires se sont aussi immiscés dans le fonctionnement des assemblées de village en obligeant l'*amin* (président) à choisir leur adjoint (*ukil*) dans le « camp opposé[13] ». Le comité de la *djemâ'a* devait aussi être renouvelé annuellement. Ceux qui payaient l'impôt spécial institué en Kabylie (*lezma*) étaient électeurs, éligibles selon un mode de détermination censitaire du corps électoral. En réalité, il a persisté un fonctionnement traditionnel, oral et informel des *tajmat*, parallèlement à l'illusion de la formalisation par les militaires des *djemâ'a*. La dualité était contrôlée par les *tajmat* qui n'hésitaient pas à déléguer des représentants auprès des militaires pour leur présenter les choses à leur manière.

Si elles persistent dans l'organisation des assemblées de village en Kabylie comme dans l'émigration kabyle en France, la guerre d'indépendance avait en quelques années initié un processus de déstructuration des structures traditionnelles tant coloniales que coutumières. Germaine Tillion, dans *Les Ennemis complémentaires*, publiés en 1960[14], a montré comment la guerre d'indépendance a été l'occasion d'un effondrement des anciennes structures sous l'effet des tentatives de transformation ou d'adaptation de l'administration coloniale : « Au cours d'un bon petit siècle de gestion, des Français avaient élaboré et implanté des structures administratives sur le territoire conquis (communes mixtes, caïds, *ouakkafs*, etc.) : j'ai assisté personnellement à leur effondrement qui a été total et définitif en moins de six mois. [...] Elles ont été remplacées dès 1955 par des improvisations nécessairement hâtives auxquelles des militaires ne connaissant pas le pays s'efforcent actuellement de faire prendre racine (dans l'ambiance que l'on sait et avec les chances de succès que l'on imagine). Les vieilles structures originales de la société autochtone ont résisté plus longtemps, mais elles sont à leur tour en train de craquer. Cloisonnement tribal, autorité des anciens, organisation familiale, position particulière de la femme, tout cela avait été entamé par quelques brèches, mais rien de comparable au véritable éclatement auquel nous assistons aujourd'hui. »

La coutume orale s'accommodait de l'absence de nom patronymique au sens moderne du terme. Chacun était le fils d'Untel, appartenant à tel clan. Le prénom précédait donc celui du père : El Mouhoub fils d'Arezki (prénom de mon père qui était aussi le prénom de son grand-père maternel) appartenant au clan (*adhrum*), des Ath M'Hend Saïd. L'Muhuv miss l'Hadj Arezki nath M'Hend Saïd, voilà comment j'aurais dû m'appeler si l'administration coloniale n'avait pas, après le premier recensement de l'Algérie, entre les années 1840 et 1870, démembré les clans en « familles » et imposé uniquement le nom patronymique. Par exemple, l'écrivain kabyle Mouloud Feraoun, né en 1913, appartient au clan des Aït-Chabane, Feraoun étant le patronyme imposé à la famille par un officier d'état civil comme ce fut le cas pour les populations après l'insurrection de 1871[15].

Pour des raisons de sécurité et de surveillance des populations indigènes, mais aussi d'efficacité pour lever l'impôt, l'administration coloniale s'est rapidement préoccupée de connaître l'effectif de la population dite « musulmane ». Plus d'une vingtaine de dénombrements ont été réalisés. Le premier a été effectué le 15 décembre 1843 et, à partir de 1851, des recensements avaient lieu tous les cinq ans, en suivant la même périodicité qu'en France métropolitaine. De 1843 à 1886, le dénombrement se faisait en suivant un « état nominatif des populations sédentaires domiciliées *en territoire civil et militaire* ». Une autre méthode consistait simplement à compter les tentes et les douars des tribus. C'est seulement à partir de 1886 que l'administration coloniale a organisé un recensement digne de ce nom au lieu des dénombrements sommaires.

En 1882, la loi sur l'état civil des indigènes musulmans de l'Algérie impose l'obligation de s'inscrire sur les registres de l'état civil, ce qui a bouleversé le système anthroponymique autochtone. Cette loi s'inscrit également dans celle de 1873 sur la propriété individuelle, qui imposait l'ajout d'un patronyme aux noms et surnoms locaux. L'obligation et la généralisation d'un patronyme ont créé une rupture dans les modes traditionnels de nomination. Comme l'écrit Ouardia Sadat-Yermèche, qui a consacré une thèse de doctorat[16] à ce sujet, « l'état civil se présente comme une opération de dé-nomination/re-nomination de l'Algérien, dont les objectifs à terme étaient de faciliter l'intégration de ce dernier ». Il « (était) et (devait) être une œuvre de dénationalisation [...] À la désignation traditionnelle toujours en vigueur dans les pratiques de l'oralité se superpose la nomination patronymique utilisée essentiellement à l'écrit et dans les relations avec l'administration ». Les noms avaient été transformés en noms de famille individuels à la manière européenne, et ont parfois été attribués de façon arbitraire, en fonction de diverses méthodes : le prénom du père, le lieu de naissance, la profession, etc.

Le nom patronymique dont nous avions hérité était d'abord Mouhed, un nom que mon oncle paternel Salah avait conservé, comme une partie des cousins germains de mon père. Puis j'avais entendu mon père nous dire, lorsqu'il était revenu en Algérie pour les vacances durant l'été 1967, que notre vrai nom était Mouhoud. Il avait alors entrepris les démarches pour rétablir les choses. La seule chose qui importait pour lui était la conformité avec la loi pour être en règle avec l'administration.

Le « tajer » et l'« amjah »

Mon grand-père paternel, El-Mouhoub Nath M'hand Saïd, qui m'a transmis son prénom par délégation posthume par l'intermédiaire de ma grand-mère, a disparu au sens propre du terme en 1956, en pleine guerre d'indépendance, un soir d'hiver, parti pour réaliser son dernier tour de vente de la paire de bœufs qui lui restait. Il n'est jamais revenu. Son corps n'a pas été retrouvé.

Sa deuxième épouse, la belle-mère de mon père, et toute la famille, l'avaient mis en garde contre cette sortie nocturne en ces temps dangereux, et l'avaient supplié d'y renoncer. On pouvait se faire abattre par un soldat de l'armée française dont le camp avait été installé sur les sommets d'une colline surplombant tous les villages de la tribu. On pouvait aussi se faire égorger par des bandits de grand chemin, ou par des gens des villages voisins plus ou moins enrôlés dans les maquis de résistance de la guerre d'indépendance qui pourraient vouloir se venger de la domination des villages maraboutiques, exerçant un pouvoir féodal sur les « simples villages kabyles », selon l'expression utilisée à l'époque dans les textes français sur la Kabylie[17].

Mon grand-père vivait de son travail de « *tajer* », c'est-à-dire en langue arabe un intermédiaire des échanges, qui achète et vend des biens ou des services. Dans le contexte de la Kabylie des années 1940, le terme désignait quelqu'un qui négocie la vente et l'achat d'animaux, de bœufs plus généralement : une sorte de maquignon. Il parcourait la Haute Kabylie pour acheter du bétail à un certain prix et le revendre à un autre. Mais il ne pouvait s'en contenter pour faire vivre sa famille. Il pratiquait aussi, comme beaucoup de paysans kabyles, une agriculture de subsistance en produisant du miel, en soignant les figuiers et les oliviers et en labourant quelques parcelles pour le blé et l'orge. La Kabylie, à l'est d'Alger, était alors une région montagneuse difficile d'accès, et la productivité agricole sur ces terrains fragmentés et accidentés était nécessairement faible. Depuis que le général Bugeaud, qui avait écrasé les révoltes anticoloniales de 1844, avait décrété sa politique de la terre brûlée, cette région était devenue un tas de cailloux. En plus d'écraser les révoltes et d'enfumer les populations qui s'étaient de près ou de loin révoltées et leurs familles dans les grottes où elles trouvaient refuge, il avait fait démanteler les ateliers de mécanique, de céramique, de joaillerie, qui avaient fait de la Kabylie durant la première moitié du XIXe siècle une région préindustrielle entreprenante. Il était devenu difficile de tirer de la richesse de ces terres arides des montagnes, délaissées par les colons qui n'y avaient rien investi sauf en accaparant les terres les plus fertiles de la vallée de la Soummam qui sépare la Grande Kabylie de la Petite Kabylie, en particulier après la révolte de 1871. Certains propriétaires locaux ont alors été obligés de racheter leurs terres avec l'installation de l'administration civile. L'émigration vers les villes algériennes, Alger, Oran, Constantine et, dès la fin du XIXe siècle, vers la France, est devenue l'une des sources principales de revenu, grâce à l'argent envoyé par les émigrés à leurs familles[18].

Durant la période coloniale des années 1940 et 1950, il y avait deux sortes de paysans en Kabylie.

Ceux qui, peu nombreux, possédaient un capital physique, une paire de bœufs, un mulet, un âne, pour labourer la terre, et les autres, comme mon grand-père El-Mouhoub. Il s'en sortait relativement bien, car un propriétaire lui avait confié une mule malade pour la soigner. S'il parvenait à la guérir, il pouvait garder « l'animal-capital » pour labourer ses petits champs de blé et d'orge mais devrait plus tard lui payer le prix de la bête. Si elle ne survivait pas, alors il ne lui devrait rien. Mon grand-père avait réussi à la garder en vie et l'avait utilisée pour augmenter sa production de grains. De temps à autre, il lui était même possible d'utiliser une paire de bœufs, entre leur achat et leur revente, pour travailler une parcelle.

Mon grand-père avait eu cinq enfants avec sa première femme. Deux garçons, mon père, et mon oncle Mohand-El-Mouhoub, de près de quinze ans son aîné ; et trois grandes sœurs, toutes mariées. Les écarts d'âge entre frères et sœurs étaient extrêmement élevés à cette époque où les femmes étaient mariées dès leur adolescence. Un troisième fils né de la deuxième épouse de mon grand-père, mon oncle Salah, est arrivé au début des années 1950. De huit ans mon aîné, je le considère toujours non sans une certaine fierté comme mon grand frère.

Mon grand-père parvenait à subvenir aux besoins de la famille grâce à ses activités multiples et à l'exploitation des ruches de sa première épouse reprise par sa seconde. Mais, comme mon père aimait à nous le raconter, ce qui avait manqué à mon grand-père, c'était « un peu d'argent frais » pour acheter une paire de chaussures et des vêtements autres que ceux tissés par les femmes du foyer. Mon grand-père se plaignait de ne rien recevoir de son fils aîné, Mohand-El-Mouhoub, émigré, exilé en France au milieu des années 1940. S'il avait reçu ne serait-ce que 5 à 10 % de ce salaire gagné en France, comme le faisaient la plupart des émigrés, qui n'avaient pas abandonné pères, mères, frères, sœurs, épouses et enfants, sa famille et lui auraient vécu un peu plus confortablement…

L'exil de mon oncle Mohand-El-Mouhoub était certainement, d'après mon père, motivé par le sort tragique que sa mère avait subi. Ma grand-mère paternelle Hasna, prénom qui signifie la « bonté », a été répudiée par mon grand-père pour des raisons que je n'ai jamais pu élucider. Comme toute femme répudiée, elle n'a pas pu garder avec elle son dernier enfant, mon père, malgré son très jeune âge. Les enfants demeuraient la chasse gardée des pères, même lorsque les mères étaient répudiées pour un oui ou pour un non. Quelques mois après la répudiation de sa mère, mon oncle Mohand-El-Mouhoub avait décidé de partir pour la France. Le désaccord profond avec la décision de son père, le chagrin même qu'il avait dû supporter en raison de sa propre impuissance à affronter son père, l'avaient sans doute poussé à l'exil, à ne plus donner signe de vie, à devenir la véritable figure de l'« *amjah* », l'exilé sans retour. L'« *amjah* » désigne celui qui saigne, l'écorché vif, qui sombre dans le désespoir de ne plus revenir vers les siens. C'était le cas de mon oncle. Mon grand-père lui avait rendu visite en France où il s'était installé et travaillait comme magasinier. Il désirait renouer avec son fils et repartir sur de nouvelles bases. Peine perdue.

Dans ces années où l'émigration faisait vivre les populations kabyles, l'absence de nouvelles de l'exilé créait un profond chagrin pour les familles restées au pays, surtout pour les épouses et enfants, qui devaient subir les reproches incessants des belles-sœurs dont les maris travaillaient la terre pour nourrir la famille, ou encore ceux qui travaillaient aussi à l'étranger mais envoyaient de l'argent régulièrement.

Dans les années 1950-1970[19], période clé de l'émigration algérienne de travail en France, l'âge de l'émigration correspondait également à celui du mariage des fils assignés au départ en France pour transférer de l'argent. Les jeunes hommes partaient en laissant derrière eux femme et enfants sous la responsabilité du chef de famille. La pression permanente des familles pour recevoir des mandats, de l'argent, était entretenue par les pères mais aussi les mères. Ceux qui se révélaient incapables de l'assumer, pour différentes raisons, pouvaient entrer dans un véritable cercle vicieux qui transformait peu à peu le jeune homme fringant et encore dans l'espoir de remplir sa mission en *amjah*, un exilé qui soulageait sa culpabilité dans l'alcool. Depuis les années 1990, la nature et la motivation de l'émigration ont bien changé. L'âge moyen du mariage ayant reculé significativement, tandis que l'âge de l'émigration est resté constant – entre dix-huit et vingt-cinq ans en moyenne –, les nouveaux émigrés, souvent célibataires au moment de leur départ, n'ont plus de responsabilité de femmes et enfants et ont tendance à moins transférer de l'argent vers les familles restées au pays. La pression pour les transferts est tout de même restée puissante. Plus récemment, elle atteint même les garçons et les filles qui partent pour étudier. Les parents attendent de leurs enfants un retour rapide sur l'investissement. Certains étudiants deviennent assez rapidement des salariés, contraints de transférer de l'argent vers leurs familles. C'est aussi une composante de l'émancipation des filles, qui trouvent là un pouvoir de négociation inédit : l'envoi d'argent contre leur liberté.

Les années 1940 : crises et famines en Kabylie

Mon père est né en 1940. Il a grandi dans le village enclavé qui m'a vu naître vingt ans plus tard, sans routes ni électricité ni eau courante, comme la plupart des villages de Kabylie. Durant les années 1930 et 1940, les populations des villages de Kabylie avaient sombré dans une misère terrible. Il suffit de lire les reportages d'Albert Camus[20] publiés en juin 1939 dans l'*Alger Républicain* pour avoir un aperçu de cette population kabyle réduite à se nourrir d'herbes et de racines. « Le blé dans la tribu de Tizi-Ouzou par exemple est devenu un produit de luxe. Les meilleures familles mangent un mélange de blé et de sorgho. On est arrivé dans les familles pauvres à payer le gland, produit sauvage, jusqu'à 20 francs le quintal[21]. Le menu ordinaire d'une famille pauvre dans cette tribu se compose d'une galette d'orge et d'une soupe faite de tiges de chardons et de racines de mauves. Ce menu se retrouve dans toute la Kabylie, il n'y a pas un village qui fasse exception », s'indigne Albert Camus dans ses *Chroniques* sur la misère en Kabylie[22]. Une alimentation insuffisante et déséquilibrée, pas de protéines, de légumes frais, des carences nutritionnelles graves, le froid de l'hiver aggravant les choses, étaient le lot quotidien dans la Kabylie qui a vu grandir mon père. Plus que de la faim, ce dont mon père a souffert le plus, nous disait-il souvent, c'est de marcher pieds nus dans la neige glaciale de l'hiver. Ainsi poursuit Camus : « Le jour où la neige recouvre la terre et bloque les communications, où le froid déchire ces corps mal nourris et rend le gourbi inhabitable, ce jour-là commence pour tout un peuple une longue période de souffrances indicibles[23]. » L'anémie, les maladies infectieuses et la grande mortalité infantile résument l'état de santé dans cette région. Le manque d'accès aux soins médicaux aggrave encore ces conditions. L'épidémie de typhus s'y diffuse à une vitesse inégalée. Camus critique sévèrement l'indifférence des autorités coloniales françaises à l'égard de la misère des Kabyles : « Il est méprisable de dire que ce peuple s'adapte à tout. M. Albert Lebrun lui-même, si on lui donnait 200 francs par mois pour sa subsistance, s'adapterait à la vie sous les ponts, à la saleté, à la croûte de pain trouvée dans une poubelle. Dans l'attachement d'un homme à sa vie, il y a quelque chose de plus fort que toutes les misères du monde. Il est méprisable de dire que ce peuple n'avait pas les mêmes besoins que nous. S'il n'en avait pas eu, il y a beau temps que nous les lui aurions créés. Il est curieux de voir comment les qualités d'un peuple peuvent servir à justifier l'abaissement où on le tient et comment la sobriété proverbiale du paysan kabyle peut légitimer la faim qui le ronge. Non ce n'est pas ainsi qu'il faut voir les choses... Car les idées toutes faites et les préjugés deviennent odieux quand on les applique à un monde où les hommes meurent de froid, et où les enfants sont réduits à la nourriture des bêtes sans en avoir l'instinct qui les empêcherait de périr. La vérité c'est que nous côtoyons chaque jour un peuple qui vit avec trois siècles de retard et nous sommes les seuls à être insensibles à ce prodigieux décalage[24]. » Il ajoute que c'est cette même idée selon laquelle les indigènes peuvent tout accepter qui permettait de justifier ces salaires de misère. Sans parler de l'argument fallacieux sur leur supposée faible productivité, sans considération pour les conditions de vie accablantes : malnutrition chronique, absence de transports et longs trajets à pied jusqu'aux lieux de travail.

Albert Camus, loin des argumentations absurdes et teintées de racisme de l'administration ou de la presse coloniales, attribuait la misère qui frappait la Kabylie à la crise économique des années 1930. Cette région, à la densité de population particulièrement élevée, reposait principalement sur une alimentation à base de céréales telles que le blé, l'orge et le sorgho, essentiels à la préparation du couscous et de la galette. Pourtant, la production locale de ces denrées était largement insuffisante, l'industrie ayant été anéantie depuis l'écrasement des insurrections de 1846 et 1871. La Kabylie, réduite à une économie arboricole centrée sur les figues et les olives, peinait à subvenir aux besoins de sa population, d'autant plus que la production d'olives, sujette à de grandes variations, venait fréquemment à tarir.

Camus soulignait également une injustice économique : l'Office des céréales avait significativement augmenté le prix du blé, tandis que les prix des figues et des olives, principales ressources de la région, stagnaient ou déclinaient. Sans le formuler explicitement, il mettait en lumière un phénomène que les économistes nomment la « détérioration des termes de l'échange » et la « croissance appauvrissante » : les revenus tirés des produits locaux devenaient insuffisants pour acquérir des denrées essentielles importées. Ainsi, les familles vivant exclusivement de leur production quotidienne sombraient dans la famine.

Dans le village d'El-Fay, près de Sidi-Aïch, Camus observait que les habitants ajoutaient à leur maigre menu de racines et de galettes les graines de pin ramassées en forêt. Cependant, le Code de l'indigénat interdisait même la collecte des fruits tombés à terre, et les gardes forestiers appliquaient la loi avec une rigueur implacable, punissant sévèrement les contrevenants pour ce que l'administration considérait comme un vol. Ces règlements iniques rappelaient étrangement les critiques de Karl Marx contre les lois prussiennes de Frédéric-Guillaume, qui criminalisaient le ramassage du bois mort, aggravant la misère des paysans démunis[25].

Le travail des indigènes, sous-rémunérés de manière flagrante, illustrait un mépris systémique. Les salaires des manœuvres indigènes étaient si bas qu'Albert Camus, dans ses *Chroniques*, les qualifiait non seulement d'insuffisants mais d'insultants. « On m'avait dit que la journée de travail excédait la durée légale. J'ignorais qu'elle la doublait presque. Je ne voudrais pas hausser le ton, mais je suis forcé de dire que le régime de travail en Kabylie est un régime d'esclavage. Car je ne vois pas quel autre nom donner à une situation où l'ouvrier travaille 10 à 12 heures par jour pour un salaire de six à dix francs », écrit-il avec une précision implacable. Il souligne que les femmes, particulièrement vulnérables, étaient payées deux fois moins que les hommes.

Ce système inique résultait d'un mépris généralisé, de la part des grands propriétaires colons mais aussi des employeurs algériens, parmi lesquels ceux dont les parents ont pu racheter les terres familiales après la grande confiscation des années 1870 : ils imitaient les pratiques des colons, adoptant les mêmes attitudes dédaigneuses envers leurs compatriotes. Les relations entre les propriétaires européens et les propriétaires algériens n'étaient pas dénuées d'un certain rapport de domination des premiers sur les seconds dans leurs échanges de consommations intermédiaires, lorsqu'ils existaient. Indigné, Camus écrivait : « L'idée si répandue de l'infériorité de la main-d'œuvre indigène trouve son origine dans le mépris général du colon pour ce malheureux peuple. Et ce mépris, à mes yeux, juge aussi ceux qui le professent. » Il réfutait ces accusations, soulignant que si le rendement des ouvriers était réellement insuffisant, les contremaîtres, omniprésents et oppressifs, ne manqueraient pas de le corriger.

La situation avait atteint un sommet de cruauté lors de la crise des grains de 1939, lorsque la famine gagna des régions entières, notamment la Kabylie. La distribution de blé, organisée tardivement par les autorités, avait systématiquement privilégié les populations européennes. « Le choix des bénéficiaires était souvent laissé à l'arbitraire des caïds et des conseillers municipaux », dénonçait Camus, soulignant une injustice enracinée.

Depuis les années 1920, les familles qui avaient des émigrants recevaient l'argent qui leur permettait de consommer autre chose que des glands et des racines de chardons et quelques figues sèches lorsqu'il en restait. Il permettait à la Kabylie de vivre. Mais très vite les revenus de l'émigration ont chuté en raison de la crise économique qui a conduit à une contraction du marché du travail en France métropolitaine. Dans les années 1934-1935, une politique sévère de restriction de l'émigration en France a été appliquée brutalement : « On a refoulé l'ouvrier kabyle. On a mis des barrières à l'émigration et, en 1935, une série d'arrêtés vint compliquer de telle sorte les formalités d'entrée en France que le Kabyle s'est senti de plus en plus enfermé dans sa montagne », se désespère Albert Camus, appelant à une prise de conscience sur la misère en Kabylie. Celle-ci ne viendra qu'en 1958, avec le plan de Constantine du général de Gaulle, quatre ans après le déclenchement de la guerre d'indépendance… dans l'espoir intéressé de calmer les populations indigènes sensibles à l'indépendance et de conserver ainsi une Algérie française.

À cette même période, les frais des transferts d'argent des émigrés installés en France avaient aussi considérablement augmenté, réduisant d'autant le pouvoir d'achat des sommes envoyées vers les familles : « Cent soixante-cinq francs à verser pour frais de rapatriement, d'innombrables obstacles administratifs et l'obligation singulière de payer les impôts arriérés de tous les compatriotes de l'émigrant qui portent le même nom que lui : l'émigration s'est trouvée bloquée[26]. » De la description minutieuse de la misère en Kabylie, qu'il avait alors parcourue dans ses moindres recoins, et dans toute l'Algérie, durant une période de 1939 à 1958, Camus lance ce cri d'alarme : « C'est la force infinie de la justice et elle seule qui doit nous aider à reconquérir l'Algérie et ses habitants. » Il n'a pas été écouté.

La misère de mon grand-père s'est aggravée avec le déclenchement de la guerre d'indépendance. Ses revenus, issus de son travail de *tajer*, s'étaient réduits drastiquement en raison des restrictions de circulation imposées par le conflit. Un jour, alors que mon père lui demandait de l'argent pour acheter une paire de chaussures, sa réponse a été directe : « Je te conseille de t'enrôler comme Taleb à la zaouïa, d'y étudier le Coran pour devenir un cheikh, comme Cheikh Mohand Ameziane, un de mes amis. Tu pourras alors enseigner le verbe dans toute la tribu et vivre dignement. » Cette injonction de réussite par le savoir vient de loin, une référence consciente d'une valeur fondamentale répandue dans l'imaginaire populaire de Kabylie.

C'est dans ce contexte difficile que mon père, comme tant de jeunes de sa génération, a grandi. Orphelin, il portait en lui la douleur d'une séparation précoce : sa mère, répudiée et forcée de se séparer de lui alors qu'il n'était encore qu'un nourrisson âgé d'à peine un an. Je me souviens encore de ces samedis matin, après notre arrivée en France, lorsque nous vivions enfin réunis auprès de lui. Mon père écoutait alors avec émotion une chanson de Rabah Deriassa, le chanteur algérien originaire de Blida, qui, lui aussi, avait connu, tout jeune, la perte d'une mère. Cette mélodie mélancolique, « Yemma Yemma », le ramenait à son histoire.

Ainsi, au début des années 1950, mon père, âgé de dix ans, avait intégré l'école coranique de la zaouïa M'Hend Oumalik. Là, il était nourri et logé en échange de travaux quotidiens éprouvants et de multiples corvées nécessaires au fonctionnement de l'institution. Le reste de son temps était consacré à l'apprentissage du Coran. Il y est resté jusqu'en 1956, année où la mort de mon grand-père l'avait contraint à quitter la zaouïa. Il avait seize ans.

Dès lors, mon père s'est mis à travailler comme manœuvre dans la construction des routes du département d'Azazga, à une trentaine de kilomètres du village de Tifrit Nath Oumalik. Il a aussi participé à la réalisation d'une piste de huit kilomètres permettant d'accéder au village. Devenu le pilier de la famille, il avait pris en charge sa belle-mère et son jeune frère Salah, qu'il a envoyé au collège d'enseignement technique de Tizi-Ouzou en tant qu'interne.

En 1959, il a épousé ma mère. Je suis né un an plus tard. Mon père appartient au même clan que celui de ma mère : celui des Nath M'Hend Saïd. La structuration des villages maraboutiques détermine la géographie des habitations. Notre clan est issu du deuxième fils du saint M'Hend Oumalik. Les maisons de ses descendants étaient donc nécessairement proches de la mosquée et de son mausolée. À l'intérieur de notre clan des Nath M'Hend Saïd, il y avait « ceux d'en haut » (*l'hara oufella*[27]) surplombant la mosquée et le mausolée et ceux d'en bas (*l'hara wada*), en dessous du mausolée. Enfant, j'ai souvent entendu des commentaires de la part de ceux du « quartier d'en haut » à propos de nos cousins du « quartier d'en bas » les caractérisant de paresseux ou de procrastinateurs, de désinvoltes ou d'hédonistes, manquant de courage ou ne tenant pas leur parole. Ces qualificatifs permettaient aux premiers de s'autoproclamer, à l'opposé des seconds, courageux, téméraires, travailleurs et hommes de parole. Mon père était issu de « ceux d'en haut » et ma mère de « ceux d'en bas ». Ayant été élevé les dix premières années de ma vie avec mes oncles-frères, des « ceux d'en bas », si l'on croit à cette vision mythique des valeurs, j'ai hérité à la fois des « qualités » des uns et des « défauts » des autres… Heureusement pour moi, les qualités de ceux d'en bas, gentils, créatifs et entreprenants, d'un commerce facile, et il faut bien le dire ne manquant jamais de sens de l'humour, contrebalançaient l'austérité et parfois la dureté voire la brutalité de ceux d'en haut. L'organisation de la société kabyle est très segmentée[28] : *aarch* (tribu), *thaderth* (village), *adhrum* (clan), *akham* (la maison), *l'hara* (le quartier), *oufella boufla* (d'en haut) et *wadda* (d'en bas). Toutes ces structures d'organisation jouissent d'une autonomie à leurs niveaux respectifs, mais sont aussi très interdépendantes selon les thèmes et les actions. Par exemple, dans l'immigration kabyle en France, chaque village a répliqué l'assemblée du village pour organiser et centraliser les cotisations qui concernent les actions en direction du village. Les questions liées au financement et à la mutualisation du rapatriement des corps des défunts sont orchestrées au niveau de l'*Aarch* (tribu), chaque village y étant représenté par un délégué. Durant les périodes de révoltes contre la colonisation, les tribus se regroupaient et décidaient des mouvements de guerre à mener contre l'armée coloniale.

Au village maraboutique, tu apprendras et tu transmettras !

Après la mort de son père en 1956, mon père a occupé plusieurs emplois, ce qui lui a permis de subvenir aux besoins de sa famille. Après son mariage avec ma mère en 1959, un an avant ma naissance, il a entrepris la construction d'une pièce supplémentaire dans la maison ancestrale, assurant ainsi à ses proches une existence honorable, malgré les épreuves de l'époque. Mais faire vivre sa famille au village ne lui suffisait pas. Mes parents avaient tous les deux pensé leur projet migratoire par étapes successives. D'abord, ils avaient souhaité n'avoir que deux ou trois enfants, ce qui était exceptionnel dans l'habitus social et culturel de cette génération d'immigrés en provenance de milieux ruraux, singulièrement de Kabylie. Ils ont d'abord émigré à Alger, où est née ma sœur cadette, Nadia, deux ans après moi. Le troisième enfant est arrivé plus tardivement : ma seconde sœur, Nabila, est née quelques mois après notre arrivée en France à Villemomble. Elle avait onze ans de différence d'âge avec moi et neuf ans avec Nadia. Elle était notre petite sœur chérie, et notre adoration pour elle est restée intacte. Entretemps, mon père est parti travailler en France en 1963 en nous confiant à ma grand-mère maternelle. Nous sommes retournés en Kabylie, où j'ai été scolarisé quelques mois en cours préparatoire en 1966. Mon instituteur d'un village voisin s'appelait Ourabah. Il était respecté et adulé dans toute la tribu des Nath Idjeur.

Mon premier contact avec le savoir a été marqué par les *talba*, ces élèves de la zaouïa de notre village maraboutique. Avant de recevoir cette injonction de mon père, « devenir quelqu'un », c'est-à-dire « quelqu'un qui a étudié », j'entendais autour de moi, au village, cette phrase, dont j'ignorais le sens précis, lorsque j'ai été admis à l'âge de six ans à l'école primaire du village : « *Atseghredh ouatseseghredh*, tu apprendras et tu enseigneras. » Le verbe « apprendre » et le verbe « enseigner, transmettre » ont la même racine en kabyle. Le verbe « apprendre » est aussi le même que le verbe « lire ». Lire, apprendre, savoir, s'instruire sont ramassés dans le même verbe : « *aqra* » en arabe et « *agher* » en Kabyle. L'injonction paternelle de réussite scolaire, et de l'émancipation par l'école, était une idée communément répandue dans les villages kabyles. Il y avait des précédents célèbres. L'écrivain Mouloud Feraoun, devenu instituteur grâce à « l'instruction » à l'école normale, et qui décrivait le rituel du premier jour d'école dans son roman *Le Fils du pauvre*, était, dans mon souvenir d'enfant, un exemple.

Mon père avait instauré ce qu'il appelait « un dialogue » avec ma sœur et moi chaque soir, lorsque nous l'avions rejoint en France au début des années 1970. En réalité, c'était surtout l'occasion de nous prodiguer conseils et impératifs pour l'avenir. Il ne se demandait pas si nous en avions les moyens ou les compétences : nous en étions capables, il en était certain. Il terminait ses « sermons » par cette phrase qui m'est restée : « Je ne suis qu'un travailleur, un ouvrier, je ne pourrai pas vous laisser des biens matériels. Mais je vous laisserai quelque chose que vous ne pourrez jamais céder. » Gardant le suspense de son discours, il nous posait la question, la même question : « Quelle est donc cette chose que vous ne pourriez jamais céder si vous la possédiez ? » La question s'adressait aussi à ma sœur cadette. Nous connaissions la réponse. Elle devait être exprimée avec conviction : « Le savoir, l'école, l'instruction, les diplômes bien sûr ! » Mon père, qui n'avait pu accéder qu'à l'école coranique du village, avant de découvrir l'école du soir pour adultes une fois arrivé en France, avait une vision linéaire de la réussite scolaire : les diplômes devaient se succéder de manière chronologique du plus petit au plus grand. Il ne connaissait pas les subtilités du système éducatif français, les classes préparatoires, les grandes écoles… Il avait la certitude que parvenir à obtenir son baccalauréat comme l'avaient fait ceux qui étaient devenus « des *quelqu'un* » dans notre entourage familial lointain, en Kabylie, nous permettrait d'accéder aux autres diplômes. C'était cela, *devenir quelqu'un*, en réalité aux yeux de mon père. Posséder quelque chose, que personne ne pourrait jamais vous retirer, mais aussi que votre inclination pour la facilité, si elle venait à dominer votre volonté, ne pourrait vous autoriser à vous en séparer contre de l'argent.

L'Amin et le Caïd

Le village maraboutique de ma famille était jusqu'à l'indépendance dirigé par un caïd, qui était le grand-père de ma grand-mère maternelle : Hadj El-Mouhoub (Hadj L'Muhuv en kabyle), qui avait fait son pèlerinage à La Mecque. L'administration coloniale française utilisait les caïds, chefs locaux en Algérie et dans d'autres régions de l'Afrique du Nord, pour gérer les affaires locales dans les territoires périphériques aux grandes agglomérations. L'origine du terme provient de l'arabe « *qā'id* », qui signifie « chef » ou « commandant ». Le titre de caïd[29] désignait des chefs militaires ou administratifs qui connaissaient bien leur région, leurs tribus, les clans et les familles qui composaient la société kabyle. Les politiques coloniales trouvaient dans le système d'intermédiation des caïds un moyen efficace de faire progresser la colonisation dans ces territoires arides et enclavés. Ces caïds étaient nommés par l'administration coloniale, en vertu de leur loyauté envers la France et pour leur connaissance locale. Ceux qui avaient combattu pour la France en 1914-1918 étaient parfois récompensés en étant nommés caïds. Les caïds avaient des pouvoirs administratifs et judiciaires limités dans leurs zones de compétence. Ils étaient responsables de la collecte des impôts, de la gestion des terres, de la résolution des conflits locaux et de l'application des lois de la métropole. Le système du caïdat permettait aussi à l'administration coloniale de réduire les coûts de l'administration. Dans son remarquable *Un empire bon marché* (Seuil), l'économiste Denis Cogneau montre que les colonies françaises étaient autofinancées par les impôts prélevés sur leurs populations, alors même que, jusqu'au milieu de la guerre d'indépendance, ces populations n'avaient aucun droit civique. L'administration coloniale avait bien saisi l'intérêt d'utiliser les caïds comme intermédiaires pour entrer indirectement, à travers eux, en relation avec les *aghas*, les chefs tribaux kabyles, qui disposaient d'une forte autorité. Les caïds devaient coopérer avec ces derniers pour maintenir l'ordre et la stabilité dans la région.

Ma grand-mère maternelle, Djamila, serait née en 1925, selon les documents administratifs. Son père, Saïd, l'un des fils du caïd Hadj El-Mouhoub, possédait plusieurs femmes légitimes, dont la mère de ma grand-mère Djamila. Le caïd assurait comme il se devait le rôle d'administration du village et de toute la tribu des Nath Idjeur, aidé particulièrement par l'un de ses fils, El-Hadi, qui portait lui aussi le titre de caïd. La demeure du caïd Hadj El-Mouhoub se situait au centre du village, juste au-dessus de la mosquée et du mausolée du saint. Cette demeure qui abritait tout son clan et son personnel, faite de nombreuses pièces sur différents niveaux, construite selon les pratiques architecturales ancestrales kabyles, adossée à la colline, était entourée d'une immense cour, plantée de figuiers et abritant un puits. El Borj était le nom qu'on donnait à ce palais qui m'apparaissait enfant immense et féerique. La hiérarchie au sein du palais du caïd reposait largement sur le statut des femmes qui y vivaient. Les épouses légitimes occupaient une place privilégiée, et leurs enfants bénéficiaient d'un traitement de faveur. Les tâches domestiques des femmes jouaient un rôle central dans le maintien des relations diplomatiques. Accueillir par exemple une personnalité de l'administration coloniale, puis plus tard, lors de la guerre d'indépendance, un représentant du FLN, exigeait une organisation méticuleuse et des infrastructures adaptées. Ce travail reposait en grande partie sur les femmes nouvellement arrivées ou les concubines, supervisées par les épouses plus anciennes.

Leur journée était rythmée par des tâches nombreuses et ardues : confection de galettes en grande quantité, roulage de la semoule, salage et séchage de la viande, élevage des poules, chèvres et vaches, traite quotidienne, transformation du lait en petit-lait onctueux, nettoyage à la chaux ou encore traitement du fumier pour renforcer les murs du palais.

Les années 1940, au cœur de la Kabylie profonde, étaient toujours très marquées par la colonisation et le mépris des colons. Les villages de ces montagnes du Djurdjura étaient isolés, les familles soumises aux lois locales, arbitrées par la *djemâ'a*, assemblée démocratique mais exclusivement masculine, et dans certains cas aux ordres du caïd, qui dépassait souvent les prérogatives imposées par l'administration coloniale. La pauvreté rongeait les villages, même les villages maraboutiques. Les épidémies faisaient des ravages, et la mortalité infantile atteignait des sommets. Ma grand-mère, dont la mère avait décidé de divorcer de son mari, et de refaire sa vie, lorsque celui-ci avait décidé de prendre une seconde épouse, vivait, avant son mariage, comme une sorte d'esclave. Sa survie dépendait de sa capacité à travailler sans relâche, à ne jamais manquer une galette, une semoule de couscous ou un piment grillé parfaitement à point sur le *kanoun*[30]. Le moindre écart aurait pu lui coûter cher. Heureusement, elle excellait dans toutes ces tâches, et la première épouse du caïd, qui dirigeait fermement cet univers, ne manquait pas de louer ses qualités. Les épouses légitimes étaient souvent choisies parmi des familles respectées, afin de consolider des alliances familiales ou politiques. Malgré son statut inférieur, ma grand-mère a traversé sa vie avec courage et force. Je me souviens encore de ses paroles, lorsqu'elle évoquait avec admiration les femmes puissantes et travailleuses, les qualifiant de *« argaz ou ness »* – littéralement, « un homme et demi ».

Les caïds ont d'emblée été contestés par les villages kabyles qui étaient entrés en résistance contre la colonisation ou qui avaient ensuite rejoint les mouvements pour l'indépendance. Il faut dire qu'ils ne faisaient pas qu'appliquer les décisions de l'administration coloniale ; ils s'étaient souvent arrogé des pouvoirs discrétionnaires dans la gestion peu transparente des affaires locales et pouvaient parfois faire régner la terreur pour obtenir des avantages en nature de la part de leurs « administrés ». Cela pouvait entraîner des coûts sociaux et politiques supplémentaires pour l'administration coloniale, notamment des soulèvements et des révoltes locaux en réaction à l'injustice et à l'exploitation.

Des contre-pouvoirs existaient dans le fonctionnement institutionnel et la gouvernance des villages kabyles. Les comités de village élisaient un *amin* (chef du comité), qui pouvait jouer un rôle dans la tentative de contrer les injustices iniques de certains fils du caïd. Lorsque, jeune adulte, je revenais régulièrement au village, certaines personnes, qui avaient connu mon grand-père paternel El Mouhoub Nath M'hand Saïd, le décrivaient comme « un redresseur de torts, un homme courageux, prêt à se battre pour la justice et l'honneur ». Lorsqu'il avait été élu à la fonction d'*amin* de la *djemâ'a* du village, il avait, selon plusieurs témoins, contré les abus de pouvoir du caïd. Cette vision de mon grand-père luttant pour la justice n'a pas été sans lien avec les engagements politiques de ma jeunesse.

Si certains caïds avaient joué un rôle dans le maintien dans la docilité et la subordination de leurs administrés du *douar* (tribu de villages dont ils avaient la charge) au pouvoir colonial, d'autres, comme le caïd des Beni Wacif en Grande Kabylie, père de Hocine Aït Ahmed, dirigeant historique du FLN (et opposant au pouvoir algérien après l'indépendance), avaient cautionné discrètement l'engagement de leurs administrés dans les maquis du FLN[31].

Le caïd Hadj El-Mouhoub de Tifrit Nath Oumalik faisait partie de ces réseaux locaux de solidarité. Selon de nombreux témoins, il aurait même proposé à la direction locale du FLN de démissionner de sa fonction de caïd pour prendre d'emblée la cause de l'indépendance. La direction régionale du FLN aurait refusé et répondu qu'il serait plus utile comme caïd pour le renseignement et les soins des maquisards. Il se serait alors mis à jouer un double rôle de supplétif de l'administration coloniale et de complice du FLN, en recueillant et soignant leurs blessés et en leur transmettant des informations sensibles.

Il aurait été en contact avec la direction du FLN, représentée dans la région par le colonel Amirouche. Ce dernier était réputé pour être un stratège militaire hors pair. En bon connaisseur de la topographie montagneuse de la Kabylie, il avait développé toute une série de tactiques de guérilla contre l'armée française ; embuscades, attaques de convois et sabotages, tout lui réussissait… jusqu'à sa mort au combat. Notre région de Grande

Kabylie est séparée de la vallée de la Soummam, en Petite Kabylie, par le mont Agfadou, recouvert par des forêts de chênes verts, de pins et de cèdres et qui culmine à 1 500 mètres d'altitude. Cette région montagneuse aride, semée de grottes et difficile d'accès, était un véritable bastion des maquisards. Le colonel Amirouche et ses forces utilisaient les grottes et les montagnes pour se cacher et se déplacer. Ils avaient également établi des réseaux de soutien parmi la population locale, recevant ainsi des informations cruciales et un approvisionnement en nourriture et en armes.

Mais le début de la guerre d'indépendance a été aussi l'occasion de remises en cause des structures traditionnelles et également parfois de pratiques opportunistes à portée politique aventuriste, causant du tort au mouvement d'indépendance lui-même.

Un matin de l'hiver 1956, un groupe d'hommes armés a surgi dans le village. Ils ont rassemblé les habitants sur la place de la mosquée, près du mausolée du saint. Leurs motivations n'étaient pas vraiment politiques. Ils n'étaient pas les seuls à avoir utilisé la lutte pour l'indépendance du pays pour régler leurs comptes. Ils en avaient sans doute assez du joug du caïd et de son clan et au-delà, du rapport féodal de vassalité à l'égard de notre village maraboutique. Mon père, alors *taleb* de la zaouïa, qui venait d'avoir seize ans et qui devait comme tous les autres assister à la scène, m'a raconté les détails de ce qu'il avait vu, prostré, terrorisé.

Les prétendus « maquisards » étaient une dizaine, dirigés par Ali Ouchène[32], un homme connu dans la région. Ce même Ali Ouchène, qui avait été nourri et caché dans une pièce secrète de la demeure du caïd, et qui connaissait parfaitement les lieux, se tenait maintenant là, droit, impassible, tandis que ses hommes attachaient Hadj El-Mouhoub et ses fils présents. Les captifs terrorisés suppliaient les égorgeurs de les épargner. Le silence a été soudain interrompu par un cri de douleur qui a résonné à travers le village. Hadj El-Mouhoub, désepéré, fixait son bourreau : « Ô Ali Ouchène, tu me trahis, moi qui t'ai soigné de mes propres mains, tu m'égorges des tiennes, Dieu te trahira… » Ces mots ont pénétré chaque maison, chaque âme présente ce jour-là. Je me souviens de l'émotion de ma grand-mère Djamila lorsqu'elle nous racontait cette scène terrible. Les apprentis sorciers maquisards récitaient des prières, invoquant le nom de Dieu pour justifier ce qui allait être fait. Un par un, sous les yeux de tout le village, les fils du caïd sont tombés, leurs vies fauchées dans un flot de sang qui maculait les lieux saints de la zaouïa. Le caïd, dernier à subir le sort réservé à sa lignée, a laissé échapper un dernier souffle. Je me souviens de ce que m'avait expliqué un de mes cousins. Il était un petit enfant lorsque le massacre a été perpétré. La famille et les témoins lui avaient montré les traces de sang des mains de son père. Tout fils du caïd qu'il était, son père était un simple travailleur de la terre, un paysan, loin de la vie du petit palais du caïd et de sa tribu.

La réaction ne s'est pas fait attendre. L'armée française est arrivée en force, investissant le village et les alentours, établissant des bases, occupant chaque point stratégique. Un camp a été installé sur la colline du village voisin, Aït Aïcha, offrant une vue panoramique sur toute la tribu Nath Idjeur. Désormais, la liberté des villageois était réduite à néant sous l'occupation. Les maquisards autrefois protégés dans les maquis devenaient des proies plus faciles pour l'armée française.

Cette matinée d'horreur a marqué la fin d'une ère pour le village de Tifrit Nath Oumalik. Ce massacre avait coûté cher à la lutte du FLN dans la région. Selon des témoignages, la direction régionale du FLN aurait, dans une lettre adressée à la famille du Caïd, condamné les auteurs de ce crime, mus par leur quête aveugle de vengeance, fustigeant leur aventurisme politique, et la mise en danger de la cause pour laquelle ils prétendaient se battre.

Pendant deux générations, tout le monde s'est tu. Mais la frustration et le sentiment d'injustice d'avoir subi une occupation en raison d'un acte inconsidéré sont restés insupportables aux yeux de tout le village. Aujourd'hui encore, l'émotion et les tensions restent vives à ce propos. En 2013, une controverse a éclaté autour d'une proposition du wali (préfet) de Tizi-Ouzou. Celui-ci avait suggéré de baptiser le collège d'enseignement moyen de notre village du nom du commandant Chahid Abderahmane Chikhi, un moudjahid reconnu et membre important de la résistance du village Tifrit Nath Oumalik. Il avait également été question de débloquer un budget pour construire une stèle en mémoire des martyrs tombés au combat. Cependant, un habitant d'un village voisin a exprimé, dans les médias, une opposition virulente et insultante à cette initiative, visant indirectement notre village et un autre village voisin. L'argument fallacieux utilisé était lié à l'occupation de ces villages par l'armée française, les accusant de collaboration alors qu'il s'agissait d'une occupation consécutive au massacre. Cela revenait à infliger à notre village une double peine : avoir été freiné par ces meurtres vengeurs qui n'avaient rien à voir avec la lutte pour l'indépendance, et l'empêcher de rendre hommage à l'un de ses membres, commandant du FLN.

La réaction de la communauté tifritienne n'a pas tardé. Même la *djemâ'a* du village à Paris a organisé une réunion spéciale pour aborder cette affaire. Une lettre de protestation a été envoyée en signe de solidarité avec le village, et tous les habitants se sont mobilisés pour défendre leur honneur et le projet de la stèle. Voici un extrait de cette lettre : « Les membres de l'Assemblée souhaitent lever les tabous autour de l'histoire de notre village, marquée par une agression criminelle en 1956, perpétrée par un groupe illégitime. Cet événement a entraîné des conséquences désastreuses, échappant totalement à la volonté de notre communauté. L'Assemblée appelle à une position offensive pour rétablir la vérité historique, notamment sur la manière dont le FLN a été détourné par un groupe d'aventuriers cherchant à régler des comptes personnels au détriment de notre village. »

Le cheikh et la veuve

Ma grand-mère maternelle Djamila avait la réputation dans la région d'être une très belle femme, petite, aux traits fins et dessinés. Elle avait de nombreux prétendants issus de familles maraboutiques de toute la région – les mariages devaient se faire exclusivement au sein de la caste. L'un de ses prétendants s'appelait Ahmed Nath Ounacer[33]. Nous allions dans les années 1960 chez lui dans un quartier résidentiel du vieux Kouba, où il occupait une villa qui avait appartenu à d'anciens colons. Il avait aussi occupé un poste de cadre à la régie des transports algérois. Nous aimions beaucoup aller leur rendre visite le dimanche, leurs enfants, garçons et filles, tous scolarisés, étaient un exemple à suivre pour nous. Leurs deux fils avaient le même âge que Madani et Tahar, mes oncles-frères.

Mais ce n'est pas Ahmed que Djamila a dû épouser. L'heureux élu fut mon grand-père Mohand-Tahar, membre, comme mon grand-père paternel, du clan des Nath M'Hand Saïd. Mohand-Tahar était un homme débrouillard, sachant tout faire avec ses mains : cuisine, meubles, couture… Il a notamment occupé, durant les années 1940 et 1950, plusieurs positions importantes, et en particulier celle d'intendant général de la colonie de vacances de la ville d'Alger à Yakouren, en Grande Kabylie, à une dizaine de kilomètres de notre village. Il était aussi très doué dans les relations sociales et s'était rapproché de la famille de ma grand-mère, commandée par le caïd Hadj El-Mouhoub. Mon grand-père Mohand-Tahar, se serait montré particulièrement généreux et utile à la famille. Il a demandé la main de Djamila alors qu'elle avait à peine quatorze ans et il l'a obtenue. Né en 1902, il avait presque vingt-cinq ans de plus que ma grand-mère. Il avait ensuite, à la fin des années 1950, émigré en France pour y travailler et envoyer ses mandats postaux à la famille. Il logeait dans cet hôtel-restaurant au 54, rue des Maraîchers à Paris dans le 20e arrondissement, dans lequel s'entassaient tous les nouveaux immigrants tifritiens. Mon grand-père et mon père y ont logé en même temps entre 1963 et 1965.

Ma grand-mère Djamila a donné naissance à sept enfants : quatre filles et trois garçons. Les quatre filles se sont suivies avant de voir, comme par miracle, l'arrivée du premier fils, en 1955, prénommé Madani. Il faut dire qu'à cette période-là une femme qui n'enfantait que des filles pouvait avoir quelques soucis à se faire pour la pérennité de son mariage. Elle risquait, pour qu'il y ait des descendants mâles, de devoir accepter soit la polygamie, soit la répudiation. Ma grand-mère échappa à ce sort, d'une part parce que mon grand-père était un homme « civilisé », selon ma mère, et d'autre part parce qu'elle a eu une suite de garçons après sa quatrième fille.

Ma mère, Zoulikha, l'aînée, est née en 1944. Elle avait seulement seize ans lorsque je suis né. Ma grand-mère Djamila avait trente-cinq ans lorsqu'elle est devenue grand-mère. Elles étaient enceintes au même moment, ma grand-mère de son dernier enfant, Noureddine ; et ma mère, de moi. Cette superposition générationnelle est due au mariage très précoce des filles en Algérie dans les années 1950. L'âge moyen du mariage était environ de quinze ans. Les garçons se mariaient jeunes aussi, en moyenne à l'âge de vingt ans. Les femmes étaient ainsi grands-mères très jeunes. Il n'était donc pas rare qu'oncles et neveux puissent avoir le même âge, ce qui était quasiment le cas entre les trois garçons que ma grand-mère a enfantés, en comparaison de ma sœur Nadia et moi.

Ma grand-mère, je l'ai d'emblée appelée « *Yema* Djamila ». Puis tous ses autres petits-enfants ont suivi l'exemple. Je ne l'ai pas nommée « *Setzi* » (« mami »), terme utilisé généralement pour nommer les grands-mères en langue kabyle (« *Jeddi* » pour le grand-père). J'ai utilisé le terme « *Yema* » (« Maman ») auquel j'ai ajouté son prénom. Le fait de l'avoir nommée *Yema* me la rendait très proche. Mon autre grand-mère, Ourdia, la belle-mère de mon père, je l'ai aussi appelée « *Yema* Ourdia », signe de l'amour puissant que les petits-enfants portaient, dans ces régions rurales et montagneuses de Kabylie où toutes les générations vivaient sous le même toit, à leurs grands-mères, et réciproquement.

Ma mère avait été scolarisée jusqu'à l'âge de douze ans. Excellente élève, elle était hébergée par son oncle paternel Sadak, qui habitait le centre d'Alger, dans un des appartements cossus de la rue Michelet, devenue rue Didouche Mourad. Elle demeure nostalgique de ces années passées à Alger où elle était scolarisée avec des filles musulmanes comme elle, mais aussi avec des Européennes. En dépit de la dureté des conditions de vie strictes imposées par son oncle, elle était heureuse de pouvoir étudier. Son amie de classe était la fille de l'un des cadres du FLN à Alger, Yacef Saadi. Elle adorait se promener dans les ruelles de la Casbah, qu'elle demande d'ailleurs toujours à visiter lorsque nous retournons en Algérie pour les vacances, comme s'il s'agissait pour elle d'un lieu de pèlerinage. Sa tante aurait voulu l'adopter, mais ma mère ne pouvait accepter de renoncer à sa propre mère restée au village. Un jour, mon grand-père est venu la chercher pour la ramener à la maison, afin qu'elle aide sa mère dans les tâches nombreuses qu'elle devait assurer seule. Sa scolarité a été ainsi arrêtée brutalement, alors qu'elle n'avait que douze ans. Elle avait demandé à son père de la scolariser en Kabylie, mais il n'y avait pas d'école dans les environs. Il était d'accord pour l'inscrire en internat au collège d'enseignement secondaire de Tizi-Ouzou. Mon grand-père était un homme éclairé et intelligent, comme le décrit toujours et encore ma mère avec nostalgie. Lui souhaitait que sa fille puisse faire des études, avoir de l'instruction. Mais son cousin, Abdel-Kader, drapé de son autorité religieuse de cheikh, a interdit à mon grand-père d'envoyer sa fille faire des études, les menaçant de le répudier de la communauté, lui et toute sa famille. C'était une vraie menace dans cette période où la justice était rendue par les structures ancestrales des villages et où l'honneur de l'homme résidait tout d'abord dans sa capacité à maintenir « l'intégrité » de ses filles jusqu'à leur mariage. Il était fondamental que les filles soient mariées le plus vite possible, et soient fortement demandées par les familles les plus respectées. Les filles qui n'avaient pas de prétendants dès l'âge de quatorze ou quinze ans étaient qualifiées de « *thimaghourine* », littéralement « celles qui restent », celles qui n'ont pas été encore demandées, le lot de celles qui ne seront demandées en mariage qu'en dernier lieu. Mohand-Tahar ne pouvait donc faire admettre sa fille en tant qu'élève interne à Tizi-Ouzou. Selon Cheikh Abdel-Kader, sa réputation aurait été définitivement salie, ce qui aurait brisé son honneur et celui de la tribu maraboutique de Tifrit Nath Oumalik tout entière. La répudiation de la communauté villageoise signifiait la perte de tout accès aux biens collectifs pour toute la famille et la suppression de tout droit à la parole dans les assemblées du village. Ce bannissement ne pouvait que représenter un déshonneur pour toute la famille, et ce faisant pour tout le clan des Nath M'Hend Saïd.

C'est ainsi que Cheikh Abdel-Kader a décidé définitivement du sort de ma mère. Pourtant, durant toute mon enfance, j'admirais ce grand-oncle que nous appelions « *Vava* (papa) Abdel-Kader ». Il avait un véritable talent de conteur et nous écoutions les histoires qu'il nous racontait avec délectation. Mon grand-père Mohand-Tahar aurait fini par céder aux pressions du patriarcat et de son cousin Cheikh Abdel-Kader. Ma mère a donc été destinée au mariage à l'âge de quinze ans, avec mon père qui en avait dix-neuf, en 1959. Je suis venu au monde alors que ma mère venait juste d'avoir seize ans. Elle ne s'est jamais remise de l'interruption de son parcours scolaire, et n'est jamais parvenue à reprendre des études lorsque nous sommes arrivés en France, malgré d'incessantes tentatives. Quelles que soient les circonstances réelles de cette histoire, ce qui compte à mes yeux est la manière dont cela m'a affecté depuis que j'ai eu l'âge de l'entendre de ma mère. Cette frustration, ma mère l'a tellement ressentie, que le sort des femmes pour l'accès à l'éducation a toujours été important aux yeux de mes sœurs et moi.

Sa sœur cadette, Malika, née en 1946, a été scolarisée au village, après l'ouverture de la première école en 1958, quatre ans après le déclenchement de la guerre d'indépendance. L'investissement de l'administration française dans l'éducation s'était surtout concentré dans les agglomérations où étaient installées les populations coloniales. La scolarisation dépendait fortement de l'urbanisation. Mais, comme l'écrivait Germaine Tillion, dans son livre *L'Algérie en 1957*, consacré à la région des Aurès, dans les zones rurales et montagneuses, « les colons ont brillé par leur absence ». Elle était venue dans la région enquêter vingt ans auparavant et avait constaté dans ce récit vingt ans plus tard un phénomène qu'elle a qualifié de « clochardisation » des populations indigènes, terme que beaucoup d'intellectuels et d'universitaires lui avaient reproché. Elle avait décelé une régression terrible des conditions de vie des populations. La raison qu'elle avait développée dans ce livre, sans l'énoncer explicitement en ces termes, était liée à l'absence d'investissement de l'administration coloniale dans ces zones périphériques alors même que les institutions locales avaient été démantelées, laissant la trajectoire de développement sans moteur. Bachir Hadjadj décrit, dans son récit autobiographique *Les Voleurs de rêve* (Albin Michel 2007), la vie sociale de sa famille sous la colonisation à Sétif dans l'Est algérien de 1830 aux années 2000. Il y montre comment l'administration coloniale, mal équipée, avait pendant quelques décennies beaucoup de mal à s'étendre au-delà des grandes agglomérations. Mais lorsqu'il s'était agi de conquérir des territoires vastes des vallées côtières de la Petite Kabylie, les colons avaient obtenu une dérogation au droit foncier métropolitain qui les autorisait à accaparer les terres communes des tribus et villages ce qui permettait de redistribuer la richesse agricole. Ce rapt des terres communes n'est pas sans rapport avec le blocage du développement économique. L'absence d'investissement de l'administration coloniale dans l'éducation a renforcé le retard économique des régions périphériques et a condamné les populations indigènes des Aurès et de Kabylie à la « clochardisation ».

La soif d'apprendre était répandue dans toute la Kabylie. Les écoles étaient peu nombreuses, et dans les endroits où il en existait, elles étaient surchargées : 86 élèves par classe à Tizi-Ouzou durant les années 1940, rapporte Albert Camus dans ses *Chroniques*. Dans mon village natal, Tifrit Nath Oumalik, en Grande Kabylie, il a fallu attendre 1958 pour avoir la première école et le premier instituteur, venu de France, préférant convertir son service militaire en service civil d'instituteur. Ce fut le cas de Guy Beaujard, fils de gendarme, qui a refusé à dix-huit ans la carrière militaire et est arrivé comme instituteur civil à Tifrit Nath Oumalik en 1959. Ses anciens élèves l'ont invité à venir à Tifrit en 2010, lors de la sortie de son ouvrage autobiographique *Les Couleurs du temps*[34].

Denis Cogneau estime, dans son *Empire bon marché*, qu'en 1955, le taux de scolarisation primaire en Algérie atteignait moins de 17 % et à l'indépendance, malgré une accélération de l'investissement colonial durant la guerre d'Algérie, ce taux ne dépassait pas un tiers. Dans tout l'empire français, les taux de scolarisation dans l'école primaire étaient de 15 % des enfants de six à treize ans. Dans l'enseignement secondaire, les niveaux de scolarisation sont demeurés extrêmement faibles et ne concernaient que moins de 1 % des adolescents de onze à dix-huit ans. C'est la raison pour laquelle, pour beaucoup d'enfants, comme pour mon père, fils de maquignon, la seule école possible était l'école coranique de la zaouia.

La troisième fille, Hassina, a été mariée, comme ma mère, à l'âge de quinze ans, quelques années après la mort de mon grand-père. Mes deux tantes Malika et Hassina avaient été toutes les deux scolarisées avant leur mariage plus ou moins forcé. Leur grand-oncle, qui avait déjà sévi pour empêcher ma mère d'aller au collège en internat à Tizi-Ouzou, avait fini par convaincre ma grand-mère – une veuve qui élève seule des jeunes filles est une honte pour la famille, lui répétait-on sans cesse –, de marier ses filles, mes tantes Malika et

Hassina à leurs deux cousins germains, ses deux fils Menwar, vingt-cinq ans, et Mohamed, dix-sept ans. Ainsi seraient-elles à l'abri des ragots du village et la reproduction de la famille serait assurée. Si ma tante Malika a été, comme elle me l'avait dit un jour, heureuse de se marier avec mon oncle Menwar, ma tante Hassina, tout comme ma mère, n'a jamais pu se remettre de cet arrachage de l'école à l'âge de quinze ans. Malika, elle, a été mariée à l'âge de dix-huit ans, ce qui apparaissait comme tardif aux yeux du patriarcat dominant et de ses bras armés, les mères et belles-mères, tenues de faire régner l'ordre social de la domination masculine. Une quatrième fille, Hanifa, est née en 1954 avant la naissance de Madani en 1955, de Tahar en 1958 et enfin de Noureddine, trois mois avant moi en 1960. Ma sœur Nadia, quant à elle, est née en 1962, à Alger. Toutes les sœurs et tous les frères de ma mère ont fini par suivre le chemin, tracé par mes parents, de l'émigration vers la France, quelques années après notre arrivée, sauf Hanifa qui est restée en Algérie, entre le village et Bejaïa, la ville côtière de Petite Kabylie ; et Madani resté lui à Alger.

Cette Algérie du lendemain de l'indépendance n'avait pas d'emplois à offrir à sa population. Dans une population paysanne à 95 %, quelques indigènes ont réussi à obtenir un petit pécule, une belle maison, ou des parcelles agricoles. Pour les autres, l'émigration était la seule solution. Les accords d'Évian prévoyaient une libre circulation. Mon père a décidé dès l'année 1963 de quitter l'Algérie pour venir comme beaucoup d'autres travailler en France. Durant les quelques années qui ont suivi son émigration, nous vivions, ma mère, ma sœur et moi, au village, dans la vieille maison de *Yema* Djamila près de la zaouïa.

Le samedi 19 juin 1965, Houari Boumédiène, ministre de la Défense, organise un putsch contre le président Ahmed Ben Bella. Alors que nous venions d'apprendre la nouvelle à la radio, nous parvint la nouvelle du décès de mon grand-père maternel, Mohand-Tahar, mort d'un accident du travail à la Mairie de Paris. Gardien de sécurité pour les services de la Ville de Paris, il devait dormir sur son lieu de travail. Une fuite de gaz s'est produite dans le bâtiment qu'il était chargé de surveiller. Il est mort dans son sommeil, asphyxié, L'avocat que mon père avait pris pour défendre les droits de ma grand-mère et faire reconnaître son décès comme accident du travail avait réussi, après de multiples démarches, à obtenir une pension de réversion pour ma grand-mère qu'elle allait enfin toucher mensuellement, transférée de France et disponible auprès du Trésor public à Alger. Le corps de mon grand-père a été rapatrié à Alger dans un cercueil présentant au niveau du visage une vitre transparente pour voir le défunt. C'est du moins ce que l'on m'a rapporté, car je n'ai pas pu accéder au cercueil. Dès ce jour, j'avais compris que je ne serais jamais au même niveau de filiation que mon oncle-frère Noureddine. Dans mon souvenir, ce dernier était non seulement autorisé à se trouver au centre, mais aussi à se pencher vers le cercueil. Quant à Noureddine, j'apprends aujourd'hui qu'on ne lui avait pas dit qu'il s'agissait de son père. Pour lui épargner le choc de sa mort, on lui avait stupidement menti en lui disant qu'il s'agissait de quelqu'un d'autre. Mais à ce moment précis, je me suis senti à la fois jaloux de la position du petit orphelin que tout le monde entourait et terriblement coupable d'avoir, moi, la chance que mon père fût encore vivant. À mes yeux d'enfant, Noureddine allait bénéficier d'un statut enviable d'orphelin de père, fils de veuve, « *agoujil* », tandis que moi, j'allais subir les interminables reproches d'avoir conservé mon père ; l'absence de ce père émigré en France donnait un statut encore plus difficile à son existence dont l'autre, le frère-oncle-jumeau était désormais dépourvu. Il m'est resté, depuis cette mort de mon grand-père, un véritable sentiment de culpabilité.

Alger : la première émigration

En 1966, j'avais été scolarisé quelques mois en cours préparatoire dans l'école du village qui avait été installée par l'administration coloniale en 1958. Mais ma mère, en tant que femme, ne pouvait demeurer seule avec ses enfants sans responsabilité masculine adulte. Par peur du qu'en-dira-t-on, elle a souhaité rejoindre sa mère, ses frères et ses sœurs, qui habitaient alors à Kouba. C'était aussi parce que ma grand-mère, à la mort de mon grand-père, s'était retrouvée sans ressources. Regrouper toute la famille à Alger permettait ainsi à mon père de subvenir aux besoins de toute la famille en attendant d'obtenir le droit à la pension de réversion pour ma grand-mère. Nous avons quitté le village en plein milieu d'année scolaire. Je commençais à être alphabétisé en langue arabe. Il avait fallu m'inscrire à l'école primaire de Kouba située place de la Croix. J'ai vécu facilement cette première émigration du village des montagnes de Kabylie vers la banlieue d'Alger. Je suivais mes oncles qui m'assuraient une intégration et un apprentissage de l'arabe algérien très rapides.

Nous vivions tous ensemble avec ma grand-mère, mes tantes, mes oncles-frères, dans un trois-pièces de la cité Jolie Vue à Kouba ; une de ces cités construites juste avant l'indépendance, pour reloger les immigrés de l'intérieur qui arrivaient en masse des provinces rurales dans les grandes agglomérations d'Alger, d'Oran, de Constantine et d'ailleurs, et qui s'entassaient dans les bidonvilles.

Mon grand-père était mort depuis une année et les hommes de la famille, mon père, comme les deux maris de mes tantes Malika et Hassina, travaillaient en France. Ma grand-mère veillait sur l'éducation de toute sa tribu, vivant de sa pension de réversion et de l'argent que mon père nous faisait parvenir. Elle n'hésitait pas à aller chercher le policier du quartier à qui elle parlait en kabyle, refusant d'utiliser la langue arabe, pour lui demander de punir son fils aîné ou le cadet lorsqu'ils ne se comportaient pas correctement ou fréquentaient des « *hamadj* », c'est-à-dire des voyous ou des vauriens.

Mon enfance en Algérie a été marquée par la présence constante de mes trois « oncles-frères ». Je les appelle ainsi parce que, malgré notre lien d'oncles et de neveu, nous formions une véritable fratrie, un quatuor inséparable.

Madani l'aîné était déjà en CM2 lorsque nous sommes entrés à l'école, Noureddine et moi. Il aimait user de son autorité pour nous enseigner ce qu'il apprenait à l'école. C'était pour lui l'occasion de montrer son autorité, de jouer au maître, et, muni d'une règle en bois comme le faisaient les instituteurs de l'époque, il prenait un malin plaisir à nous frapper sur les mains lorsque nous avions le malheur de commettre la moindre erreur. Ce qui était pour lui un jeu est devenu pour Noureddine et moi une véritable chance. Nous savions lire, écrire et compter dès notre première année de cours préparatoire. Nous étions même exhibés comme des singes savants par notre instituteur d'arabe, M. Kadri, de classe en classe auprès des autres élèves, impressionné qu'il était par notre avance dans la connaissance de l'arabe littéral et de l'arithmétique. Ces cours obligatoires nous étaient donnés sur le balcon, pièce maîtresse de notre appartement de la cité Jolie Vue. Un tableau noir, une craie et une règle étaient les instruments de l'apprentissage. Nous étions, Noureddine et moi, consentants et dociles, acceptions le droit d'aînesse de Madani : au fond de nous, nous savions que c'était pour notre bien.

Tahar, de deux ans plus âgé que nous, ne participait guère à ce jeu. Lui organisait un véritable commerce intrafamilial. Il s'arrangeait pour voler des pois chiches dans la marmite de sauce de couscous que ma grand-mère ou ma mère préparaient pour le dîner et les stockait dans une autre marmite vide sur le balcon. Il déchirait les pages blanches de son cahier pour en faire des cornets à pois chiches comme ceux qui étaient vendus dans la rue par des vendeurs à la sauvette. L'ajout de cumin leur donnait un goût fantastique à nos yeux. Il nous appelait discrètement sur le balcon et nous proposait de nous vendre un cornet pour vingt centimes, que j'allais chiper dans le tiroir du salon où ma mère laissait sa monnaie. Nous savions que nous nous faisions avoir, mais l'interdit ajoutait du piquant à ces séances de dégustation des pois chiches de Tahar.

Noureddine, mon oncle, qui était du même âge que moi, représentait tout pour moi : mon quasi-frère, mon meilleur ami à qui je pouvais tout confier, mon camarade de classe, mon compagnon de jeux et mon partenaire dans l'apprentissage des rudiments du Coran. Il était aussi mon complice en poésie. Ensemble, nous récitions des poèmes à la radio algérienne en langue kabyle, dans la magnifique émission d'Abdel-Madjid Bali.

C'est grâce à mon oncle Menwar, revenu travailler à Alger dans le célèbre club Blue Note, qu'une telle opportunité s'était présentée. Grâce à ses nombreux contacts, l'animateur de l'émission lui avait proposé de faire venir ses neveux chaque jeudi pour participer à l'émission diffusée sur la chaîne nationale.

Une grand-tante, sœur de mon grand-père, qui vivait dans le même immeuble que nous à la cité Jolie Vue, jouait un rôle clé dans cette aventure. Elle nous transmettait des poèmes issus de sa mémoire, que nous recopiions pour les apprendre. Parmi eux, les poèmes de Si Mohand, grand poète kabyle de la seconde moitié du XIXe siècle, m'ont particulièrement touché. Ils parlaient d'amour, de solitude, des souffrances de l'âme, des chagrins et des peines. Bien qu'une grande partie des Kabyles de l'époque fussent analphabètes, ces poèmes faisaient encore partie de leur culture commune, transmise oralement entre femmes et hommes. Pour Noureddine et moi, cette expérience a été exaltante. Elle a éveillé en moi un goût profond et encore vif pour la poésie.

Ces années algéroises ont ajouté une couche culturelle arabophone dont je reste nostalgique. Souvent, le samedi midi, jour férié à cette époque-là, nous nous retrouvions tous à déjeuner chez ma tante et mon oncle, Malika et Menwar, rue Michelet à Alger. Leur appartement se trouvait au rez-de-chaussée. Ma tante était une excellente cuisinière et mon oncle un bon vivant, fin gourmet et amateur de vin. L'ambiance était joyeuse. Mon père et mon oncle Menwar, beaux-frères et amis, avaient le même âge. Leurs rires aux éclats, durant ces déjeuners interminables, pouvaient s'entendre dans tout l'immeuble. Mes tantes et ma mère étaient heureuses de se retrouver. Je garde un souvenir marquant de la voix d'Oum Kalthoum, la grande chanteuse égyptienne, dont mon oncle était amoureux fou. La même chanson, *Al Atlal* (*Les ruines de l'amour*), qui dure presque cinquante minutes, revenait à répétition toute la journée sur la platine. Cette voix sensuelle, profonde et nostalgique est restée dans ma mémoire. Mais ce bonheur n'a pas duré après notre départ en France et leur arrivée quelques années après nous dans les années 1975-1980.

Lorsque j'avais eu enfin « le privilège », en novembre 1970, quelques semaines avant notre départ pour la France, de perdre quelqu'un d'aussi proche pour moi que le père de Noureddine l'était pour lui, à savoir ma grand-mère maternelle *Yema* Ourdia, je n'ai pas eu la possibilité d'en tirer quelques dividendes, puisqu'on m'a caché sa mort. Ma mère pleurait bien dans le séjour et tout le monde avait l'air si calme et contemplatif. « Pourquoi pleures-tu ? » lui ai-je demandé. « Je suis enrhumée », m'a-t-elle répondu sans conviction. Je n'ai appris la vérité que par mon oncle-frère Tahar, l'être le plus authentique que l'on pouvait rencontrer, pour qui j'avais une immense admiration. J'admirais sa capacité à se rebeller, à dire ce qu'il pensait et à tenir tête à toute autorité.

« Tu vas à l'école ? m'avait-il questionné d'un air malicieux.

– Oui, pourquoi ? lui avais-je répondu, interloqué.

– Ta grand-mère vient de mourir et toi tu vas à l'école ! Tu n'as donc rien dans le ventre ? »

J'ai été tellement surpris par ce qu'il venait de me dire en se moquant gentiment de moi que je n'avais même pas ressenti de chagrin. J'ignorais ce qui était en train de se produire. Je pensais que si l'on m'avait caché la mort de cette grand-mère, c'est que l'on considérait que ce n'était pas une mort importante. Ma mère dissimulait ses pleurs et aucun cri ne sortait de la maison. Alors que dans mes souvenirs quelques années plus tôt, la mort de mon grand-père maternel, Mohand-Tahar, avait été ressentie comme un vrai drame familial, une tragédie : tout le monde était venu voir le corps rapatrié de France ; des dizaines de personnes, dans mon souvenir, venaient rendre visite au défunt ; on entendait de vrais cris de femmes hurlant leur douleur. Ma mère, mes tantes, tombaient en syncope. Le cercueil était embrassé au niveau de la vitre laissant voir le visage du défunt, par toute la famille proche et lointaine. Ce devait être si important… Tout le monde entourait le petit orphelin d'oncle-frère.

La mort de ma grand-mère paternelle Ourdia, belle-mère de mon père, devait forcément moins compter. Je n'ai pu trouver les larmes. Une belle-grand-mère qui pourtant m'adorait et que j'aimais secrètement, connaissant le degré d'aversion plus ou moins exprimé de ma famille maternelle envers elle. Cette grand-mère n'était pas n'importe qui. Il y avait cette histoire de répudiation de ma grand-mère biologique Hasna par mon grand-père El Mouhoub. Une rumeur courait selon laquelle il aurait été victime de pratiques de sorcellerie orchestrées par des femmes du village, afin qu'il répudiât Hasna, par malveillance, intérêt ou jalousie. Il avait ensuite épousé la jeune Ourdia, âgée de dix-huit ans, en secondes noces. Il avait quelques décennies de plus qu'elle.

Les anciennes et les anciens du village m'ont souvent répété : « Ta grand-mère Ourdia, quand elle prononçait ton nom, une lueur éclatante sortait de ses yeux. Qu'est-ce qu'elle t'adorait ! » J'ai bien le souvenir que je ressentais aussi au fond de moi, presque secrètement, cette adoration. Je me souviens encore de son odeur de figue quand elle me serrait contre sa poitrine. Durant mes toutes premières années d'enfance, elle me portait fréquemment sur son dos comme les femmes kabyles portaient leurs enfants tout en travaillant à la maison ou aux champs. L'enfant, attaché au niveau des épaules et de la poitrine de la mère par un large tissu, pouvait avoir un regard panoramique sur le monde guidé par les gestes de celle qui le portait.

Je suis donc allé à l'école ce jour de novembre 1970 froid et pluvieux, malgré ce que Tahar venait de me dire : lui allait sécher l'école pour faire le deuil de cette mort. Je savais bien qu'il n'aimait pas l'école, qu'il n'était pas assidu et qu'il saisissait n'importe quel prétexte pour faire l'école buissonnière, contrairement à Noureddine et moi. Malgré tout, ses arguments avaient fait mouche. Aujourd'hui encore j'en éprouve des remords. Pourquoi n'ai-je pas manifesté mon deuil, ma tristesse, en séchant moi aussi l'école ?

Les désirs des mères

Ce sentiment de culpabilité venu de ce non-deuil de la mort de ma grand-mère, un mois avant notre départ en France, n'est pas sans lien avec la rivalité que ma mère et ma grand-mère Ourdia ont nourrie à mon égard depuis mon plus jeune âge. Autant que je m'en souvienne, je me sentais protégé dans les bras de *Yema* Ourdia. Mais ma mère ne supportait pas qu'elle lui imposât de me faire dormir avec elle. Formée à l'éducation moderne postindépendance, ayant passé une partie de son enfance au début des années 1950 à Alger, écoutant chaque matin la radio et les conseils d'hygiène et d'éducation qu'on y prodiguait, elle n'appréciait pas le « rapt » de son enfant qu'elle subissait sans rien dire. Obsédée par l'hygiène, elle ne supportait pas la moindre tache sur nous ou le moindre bouton manquant à nos chemises. Elle élevait également mon oncle Salah, demi-frère de mon père, de huit ans mon aîné. Je me souviens d'avoir ressenti ces dissensions, et l'angoisse de ma mère, qu'elle n'avait guère la possibilité de clamer. Elle devait là encore accepter cette situation sans se plaindre. La docilité était alors ce que l'on attendait d'abord d'une femme, en plus des nombreuses tâches ménagères auxquelles elle était assignée.

Sa souffrance, je l'ai, de manière très complexe, prise à mon compte. Et lorsque porté sur le dos de *Yema* Ourdia, attaché contre elle par un grand foulard, je l'entendais se plaindre de ma mère ou de mon père auprès des voisines, j'écoutais sans rien dire, enregistrais parfaitement tout ce qui se disait, et même à cet âge, je venais rapporter ces propos à ma mère. Je me souviens encore du sentiment de trahison que je ressentais à l'égard de cette grand-mère. Mais les désirs de ma mère, qui me questionnait après chaque sortie sur le dos de *Yema* Ourdia, étaient irrésistibles. Elle avait bien réussi à me faire anticiper tous ses désirs, ce qui m'a privé d'une large partie de la quiétude de l'enfance. Lorsque nous avions des invités, elle s'adressait à ma sœur et moi par signaux que nous nous devions de comprendre instantanément. Un regard un peu plus noir que d'habitude, un petit clignement de paupières, un déplacement latéral imperceptible des lèvres, un signe discret avec la main, suffisaient à nous faire comprendre le message : celui de nous retirer de la pièce en présence d'invités lorsque le déjeuner était servi, de ne pas accepter la proposition qui nous était faite de manger un gâteau, en répondant « merci j'en ai déjà mangé », ce qui était évidemment parfaitement inexact. Il fallait tout l'art de ma mère et toute son autorité pour nous amener à de telles abnégations. Alors que nous rêvions de manger tel ou tel biscuit, pain d'épices, gâteau de l'Aïd fait main, qui apparaissaient comme par miracle sur la table lorsque nous avions des invités, il nous fallait travestir la réalité, taire nos désirs, et, comble de la perversité, donner l'assurance à l'invité que nous n'en voulions pas sous le prétexte affabulé que nous en mangions souvent et que nous venions d'en manger. L'apprentissage du mensonge par dressage faisait partie de la bonne éducation des enfants. Tout le reste du temps, ces victuailles étaient inexistantes. L'art de stocker les amandes, les biscuits, les gâteaux et autres nourritures exquises, pour les exhiber aux invités et leur montrer notre opulence, était soigneusement cultivé par ma mère et ma grand-mère.

Je me souviens encore, à l'occasion de visites de la famille du côté de ma grand-mère Djamila, des riches fermiers installés à El-Kseur, dans la vallée de la Soummam en Petite Kabylie, de l'odeur et de la vue incroyable des tranches de pain d'épices posées dans une belle assiette en porcelaine, que mes oncles-frères, ma sœur et moi, rêvions de manger. On nous tendait l'assiette et proposait, avec toute la simplicité du monde, de nous servir : « non merci, nous en avons déjà mangé ». Il avait fallu que l'autorité de ces femmes, ma grand-mère et ma mère, ait été si grande pour que nous, enfants, acceptions de refuser de manger quelque chose de sucré – et de répéter ainsi leurs paroles. Ma sœur Nadia ne comprenait pas toujours bien les signaux de notre mère et disait souvent devant les invités ce qu'il lui venait à l'esprit, oubliant les consignes. Elle se faisait alors disputer après le départ des invités, mais elle gardait l'avantage d'en manger deux fois, l'une en acceptant l'offre malgré les consignes, et l'autre après le départ des invités, avec nous autres enfants.

Cette façon de réprimer mes désirs, je l'ai vécue avec une acuité plus grande durant l'été 1967, alors que je venais d'avoir sept ans et que l'on m'avait préparé au rite de la circoncision[35] au village.

L'évocation de cette scène assez banale pour tout enfant né dans une famille musulmane, qui n'a pas grand-chose à voir avec les « circonfessions » de Jacques Derrida, n'a d'intérêt que dans la mesure où elle a révélé ma dualité d'enfant-adulte capable de transcender ma condition d'enfant terrorisé par l'inconnu de ce rituel de passage dans le seul objectif de calmer l'inquiétude et l'angoisse de ma mère. Une cérémonie qui a donc cristallisé la charge psychique que je portais depuis mon plus jeune âge.

Habillé d'une djellaba blanche, je me souviens encore de la mise en scène dans notre maison ancestrale, typiquement kabyle, tournée vers l'intérieur en disposition circulaire, avec une cour intérieure centrale. Les deux seules pièces de notre maison prenaient place autour de cette cour. Lors de la cérémonie de la circoncision, les femmes étaient placées debout en ligne devant la vieille maison, la pièce centrale, contenant le *kanoun*, l'écurie sous la mezzanine pour les chèvres, la mezzanine pour le couchage. Ma mère se trouvait au milieu des femmes. On lui avait mis quelque chose qu'elle devait serrer fort entre ses dents, certainement pour ne pas se mordre la langue. Au fond de la cour se trouvaient les hommes et au milieu le cheikh en charge d'exécuter le rituel, mon père et moi. Je voyais ma mère entourée par les femmes, retenant sa peur, et ses sanglots que je pouvais entendre. Alors, lorsque le cheikh est enfin passé à l'action, j'ai ri aux éclats, d'un rire nerveux et simulé, afin que ma mère puisse voir et entendre que tout allait bien.

Le mandat postal

Après la mort de mon grand-père Mohand-Tahar, en 1965, ma grand-mère Djamila est restée veuve. Alors qu'elle n'avait que quarante-sept ans, elle pouvait se remarier mais elle avait choisi de ne dépendre de personne. De ne pas retourner dans sa famille, chez ses demi-frères qui auraient fait d'elle et de ses filles des bonnes à tout faire et de ses garçons des travailleurs de la ferme, qu'il s'agissait seulement de nourrir pour reproduire leur force de travail. Point d'éducation ni de scolarisation pour eux. Décider de rester veuve en dépit des pressions sociales considérables qu'elle avait subies de la part de ses demi-frères était sa façon d'affronter son futur et de donner une chance d'éducation à ses fils. Pour les filles, ce fut une autre histoire.

Le mot « mandat » était très souvent prononcé lorsque nous vivions avec ma grand-mère et toute la tribu à Kouba entre 1966 et 1970, avant notre départ pour la France. Le plus souvent, il s'agissait du mandat mensuel que mon père, comme le faisaient la plupart des émigrés, nous envoyait pour vivre. Nous guettions le courrier « en recommandé avec accusé de réception » du facteur, nous avertissant de l'arrivée du mandat qui nous attendait à la Grande Poste d'Alger. Ce jour était jour de fête. Ces mandats ont manqué durant quelques mois de l'année 1966, lorsque mon père avait été hospitalisé pour une méningite aiguë, dont il a été parmi les rares rescapés à la Pitié Salpêtrière. Il avait sombré dans le coma pendant quelques semaines. L'opération chirurgicale avait réussi, mais il avait perdu une vingtaine de kilos et il fallait qu'il se rééduque à toutes les choses du quotidien. Il avait été admis au sanatorium de La Musse, spécialisé en soins médicaux et de réadaptation, situé près d'Évreux, dans l'Eure. Il n'avait que de très rares visites. Pendant cette période de soins de rééducation et de réadaptation, il n'avait pas envoyé de mandat. Nous entendions ma mère se plaindre et nous n'avions plus de quoi faire quelques courses pour la nourriture. Après plusieurs mois de silence, mon père a reçu un jour une lettre que mon oncle-frère Madani avait transcrite sous la dictée de ma mère, présentant un tableau catastrophique de l'état de la famille. Cette lettre l'avait remué. Après avoir demandé la permission de sortie, mon père a pu enfin nous envoyer un mandat postal du bureau de poste d'Évreux. Ce souvenir d'avoir manqué à l'envoi d'argent durant sa maladie l'a longtemps travaillé. De notre côté, nous, enfants, avions entendu parler de la maladie de mon père par bribes sans que rien nous ait été expliqué. Et l'inquiétude de sa maladie était plus forte que celle de l'absence de mandats. Nous pensions qu'il avait disparu et qu'il ne reviendrait peut-être plus.

Nous allions la plupart du temps faire nos courses pour les produits de base, lait, beurre, huile, savon, chez Hocine, l'épicier de la cité Jolie Vue. Durant cette période de pénurie, ce dernier nous faisait crédit en nous reprochant chaque achat non payé comptant. Le jour où le mandat postal, marqué du bureau de la poste d'Évreux, nous est parvenu, nous l'avons vécu comme un jour de libération et de fête. Non seulement nous retrouvions la fierté de payer notre dette envers Hocine – ma mère m'avait chargé d'aller régler la note en dinars trébuchants – mais nous avions aussi la preuve que mon père était vivant et avait survécu à sa maladie. En outre, ma mère était libérée des reproches insidieux et autres remarques désagréables qu'elle recevait de sa propre mère à chaque repas servi, souvent fait de pâtes, de semoule de couscous à la sauce blanche, de pommes de terre frites avec la même huile des dizaines de fois, ou encore de riz sans sauce.

Ce « mandat » était aussi celui de la pension de veuvage que recevait ma grand-mère. J'aimais accompagner *Yema* Djamila au Palais du Trésor, *Dar El-Mahzoul* en arabe, situé dans la casbah d'Alger. C'est ainsi que nous parlions sans cesse de mandat reçu ou non reçu. Même lorsque nous parlions en kabyle, le terme était utilisé en français légèrement kabylisé en « *l'manda-ni* », c'est-à-dire « ce mandat-là ». Il s'agissait pour nous d'un mot magique. Car l'envoi du mandat était un impératif auquel chaque émigré s'engageait au risque de devenir un « *amjah* » qui abandonne père et mère. Les chansons kabyles des années 1960-1970, notamment celles de Slimane Azem, qui chantait la douleur de l'exil et de l'impossibilité du retour, contiennent des dialogues, à travers les échanges de lettres entre la famille restée au pays et l'émigré, lui réclamant le mandat !

Quitter l'Algérie

Pour la plupart des jeunes hommes, l'émigration était la seule manière de faire vivre leur famille dans cette Kabylie pauvre et déshéritée. Mon père avait décidé d'émigrer en France juste un an après l'indépendance de l'Algérie. Comme tous les émigrés en provenance de notre village, il était d'abord logé dans l'hôtel-café-restaurant qui appartenait, depuis le début du XXe siècle, à un membre de notre village. Cet hôtel, transmis de père en fils jusqu'au début des années 1990, se situait au 54, rue des Maraîchers, dans le 20e arrondissement. Quand nous étions enfants à Alger, nous entendions dire que ceux qui décidaient de partir pour la France se rendaient à Maraîchers – *Marichi* en prononciation kabyle – et non à Paris. La sonorité de ce nom était magique dans nos esprits d'enfants imaginant la vie de nos pères et oncles en France.

Arrivé en France en 1963 à Maraîchers, il avait ensuite passé quelques mois chez sa sœur, installée en Alsace juste avant l'indépendance pour travailler dans une usine textile. Puis il est revenu à Paris, toujours rue des Maraîchers, de 1964 à 1967. Durant ces années, il rêvait déjà de nous faire venir en France. Il avait cherché, à l'âge de vingt-quatre ans, à apprendre à lire et à écrire, pour être « sûr de pouvoir lire nos bulletins scolaires le jour où il parviendrait à nous faire venir en France » et pour « savoir écrire un constat en cas d'accident de voiture ». Sur le chemin de la rue des Maraîchers, en rentrant du travail chez Renault, il avait aperçu une pancarte publicitaire indiquant une offre de la Mairie de Paris qui organisait des cours du soir pour le diplôme de certificat de fin d'études. Il s'y est présenté immédiatement, et s'est appliqué courageusement, avec toute l'abnégation et la volonté possibles, aux cours du soir après ses journées de travail. Mon grand-père maternel, Mohand-Tahar, qui logeait aussi dans l'hôtel villageois de la rue des Maraîchers, avant de décéder en 1965, admirait son gendre pour sa discipline et son courage. Il lui préparait parfois un dîner rapide afin qu'il ne restât pas le ventre vide, car à plusieurs reprises il avait pu observer son départ au cours du soir sans avoir mangé. Trois ans plus tard, mon père avait été reçu au certificat de fin d'études, l'équivalent d'un niveau 6e à l'époque. Parfaitement alphabétisé, il maîtrisait la langue française et la parlait sans accent. Le fait d'avoir été scolarisé en arabe littéral dans l'école coranique du village et d'avoir appris par cœur le Coran l'avait préparé à l'apprentissage scolaire dans cette école du soir pour adultes de la rue des Pyrénées.

Mon père avait décidé de revenir à Alger faire une expérience de deux ans comme chauffeur à la RSTA – l'équivalent de la RATP – de 1967 à 1969. Nous avions déménagé avec mes parents et ma sœur à El Biar, dans une banlieue réputée d'Alger, la ville où fut assassiné l'écrivain kabyle Mouloud Feraoun par l'OAS en 1962, quelques mois avant la signature des accords d'Évian. J'ai été scolarisé dans une école publique de la nouvelle république démocratique et populaire algérienne. J'aimais l'école et faisais mes devoirs seul avec le plaisir de plaire à mon père et à ma mère, qui me voyaient sortir mes cahiers et faire mes exercices, assis sur cette petite chaise à cette table en bois que ma mère m'avait fabriquée. Mais mon père, déçu par l'environnement économique et inquiet des insuffisances, pourtant justifiées pour un jeune pays sortant de l'occupation coloniale, du système d'éducation algérien, avait décidé de repartir en France deux ans après, en 1969, avec le projet cette fois-ci très sérieux d'y faire venir sa famille.

L'Algérie des années 1960, que j'avais tant aimée, ne convenait donc pas à mon père. Le pays, tout juste sorti de la colonisation, peinait à trouver son équilibre. L'économie, encore largement agricole, était fragile, et la majorité de la population vivait dans des conditions précaires. En 1962, l'Algérie comptait environ 11 millions d'habitants, un chiffre en forte croissance. Le revenu par habitant restait extrêmement faible, héritage d'une économie-comptoir où près des deux tiers de la richesse provenaient de la métropole[36].

L'exode rural, brutal et massif, avait rempli les villes d'une population souvent illettrée et démunie, cherchant des emplois précaires pour survivre. Les grandes métropoles comme Alger, Constantine ou Oran souffraient d'infrastructures insuffisantes, de bidonvilles en expansion et d'un chômage de masse. Ni le gouvernement de Ben Bella (1962), ni celui de Boumédiène, arrivé au pouvoir après le coup d'État de 1965, n'étaient parvenus à créer assez d'emplois pour absorber l'arrivée de millions de jeunes travailleurs. L'économie coloniale, centrée sur l'exploitation des ressources, n'avait pas permis l'émergence d'une classe d'entrepreneurs algériens capables de bâtir un secteur privé dynamique et employeur.

Après l'indépendance, l'Algérie avait commencé à exploiter ses ressources pétrolières, mais les revenus restaient modestes, et la gestion de l'industrie pétrolière, encore dominée par des compagnies étrangères, manquait d'efficacité. Ce n'est qu'après 1973, lorsque l'Opep, que l'Algérie avait rejointe en 1969, a quadruplé le prix du baril, que les revenus pétroliers ont augmenté significativement, permettant à l'État d'investir davantage dans le développement du pays. Pourtant, au-delà des défis économiques, une aspiration fondamentale des Algériens marquait cette époque : la scolarisation des enfants. Le nouvel État indépendant s'était engagé à construire des écoles, et le taux de scolarisation a en effet progressé de manière spectaculaire dans les premières années de l'indépendance.

Je garde en mémoire l'ambiance vibrante des soirées du ramadan entre 1966 et 1970. La télévision nationale diffusait des informations célébrant la présence à Alger de mouvements révolutionnaires du monde entier. Des militants latino-américains et des membres de l'Organisation de libération de la Palestine venaient s'y former. J'avais neuf ans lorsque l'Algérie a accueilli le Festival panafricain d'Alger, un événement qui a rassemblé des figures majeures des arts et de la culture africains. Un sentiment d'insouciance accompagnait le sentiment de fierté des Algériens d'une indépendance acquise au prix de tant de sacrifices et de la capacité à jouer un rôle international moteur dans l'organisation des « pays non alignés ».

Curieusement, je n'entendais presque jamais de détails à proprement parler de la guerre d'Algérie. À la place, on exaltait les dirigeants indépendantistes, glorifiait l'Armée de libération nationale et consacrait la mission libératrice du peuple algérien. Ce récit, triomphant et porteur d'espoir, dominait les discours, laissant peu de place aux souvenirs douloureux du conflit.

Mon père ne parvenait pas à se projeter dans cette Algérie qui n'était pas vraiment à la hauteur de leur ambition, ma mère et lui. Il avait choisi l'ancienne métropole pour donner une vie décente à sa famille et une véritable éducation à ses enfants. Il a donc décidé en 1969 de revenir en France et de préparer minutieusement le « regroupement familial » une année plus tard. Mon père n'a jamais envisagé de faire venir sa famille dans des conditions qui pouvaient contrevenir aux règles imposées par l'État français pour l'immigration, comme dans une chambre d'hôtel, ou logés par la famille, même provisoirement. Il avait attendu d'avoir un appartement correspondant au nombre d'enfants, c'est-à-dire un quatre-pièces au minimum.

II.
La France, 1971-2025

La deuxième émigration

J'ai quitté l'Algérie à l'âge de dix ans un 27 décembre 1970, pendant les vacances de Noël. Dans cette Algérie des années 1960, les vacances de décembre étaient aussi les vacances de Noël, exactement comme dans l'ex-métropole ; on y mangeait parfois des pères Noël en chocolat envoyés par des pères émigrés en France. C'est pendant ces vacances que j'ai quitté Alger, en plein soleil, 25 °C, une luminosité franche et belle, un ciel bleu d'hiver doux. Un sentiment de trahison me poursuivait et me torturait. J'allais trahir mon oncle-frère jumeau, mes oncles frères-aînés, ces frères de ma mère, frères de lait, fils de grand-mère, avec lesquels j'ai passé tant de temps, souvent sur le balcon de l'appartement de la cité Jolie Vue à Kouba.

La première chose que j'ai ressentie en arrivant dans la région parisienne a été la disparition des odeurs. Évaporées les savoureuses senteurs de jasmin des petites rues du vieux Kouba, de *mesk-el-lil*. Disparues aussi les odeurs de cuisine, de sardines grillées ou de *bouzlouf*, de tomates et de figues séchées étalées sur les grandes plaques de zinc sous le soleil, sur le terrain vague derrière la cité Jolie Vue, que nous appelions alors en arabe algérien *Mour-Dar* (derrière la maison). Je n'ai pas cessé de chercher à me souvenir de toutes ces odeurs, même des puanteurs cruelles des eaux usées stagnantes, nauséabondes et étouffantes… J'ai été marqué à jamais par cette odeur de détergents qui se dégageait des toilettes de l'aéroport d'Orly que j'ai découvertes à l'atterrissage. Les bruits de la vie aussi avaient disparu, les cris des enfants, ceux des vendeurs tirant des charrettes de légumes ou de poissons selon les arrivages. Ne restaient guère que les bruits des voitures dont la neige étouffait les échos.

Je ressentais, de manière ambivalente, à la fois la crainte et le bonheur de revoir un père absent, un travailleur, une grande figure… Ce père que je n'avais pas vu depuis l'été allait bientôt apparaître du haut de son mètre 82 : il souriait sans retenir sa joie, lorsqu'il nous avait aperçus, ma mère, ma sœur et moi, à l'arrivée du vol d'Alger. Je suis resté muré dans un silence contemplatif, craintif. Qu'allais-je bien devenir dans cette nouvelle vie, avec ce père qui avait tout organisé dans les moindres détails ? Je me souviens de la voiture dans le parking de l'aéroport, une Peugeot 404 bleu clair, l'odeur de tabac froid qui se dégageait des sièges en cuir ; puis l'entrée sur l'autoroute, les immenses panneaux publicitaires pour l'alcool « Dubonnet » ou pour les soutiens-gorge exhibant des femmes splendides peu vêtues que je n'osais pas regarder en présence de la figure paternelle. Puis, enfin, l'arrivée dans cet immeuble de Seine-Saint-Denis à Gagny, au 19, rue Jean-Moulin. Jean Moulin, j'en avais entendu parler à l'école quand on nous avait raconté le rôle qu'avait joué de Gaulle dans l'indépendance de l'Algérie. Mon père avait obtenu cet appartement dès le mois de juin 1970 grâce au 1 % patronal[1] du groupe suédois de sidérurgie SKF pour lequel il était employé comme chauffeur « poids lourd ».

La table du séjour était immense, en verre, moderne comme l'étaient les meubles des années 1970. Mon père avait tout préparé minutieusement : les steaks, les frites, les assiettes sur la table en verre – sans nappe. Il avait même acheté un service en porcelaine complet, de 72 pièces, aimait-il à préciser ! Puis la sieste… après les cadeaux de Noël, dont il avait pu bénéficier par le comité d'entreprise du groupe SKF. Un ballon de football en cuir pour moi qui n'avais joué qu'avec des boîtes de conserve emmitouflées de tissus, dans le terrain vague de la cité. Je me souviens d'avoir été pris de panique devant tous ces cadeaux, avec l'obsédante question : comment jouer avec ce ballon de football en cuir sans mes frères-oncles, que j'avais abandonnés ?

La rentrée des classes

La rentrée des classes avait lieu en janvier. Là encore, minutieusement, mon père avait tout préparé. Durant les vacances de Noël, il m'avait emmené aux puces de Montreuil et m'avait déniché un costume bleu marine, une chemise blanche, une cravate noire, des chaussures de ville noires, et un long manteau de couleur grise. Mon père plaçait l'école au-dessus de tout et lui donnait une importance telle qu'il se la représentait comme elle était dans les années 1950 sous la Quatrième République. Affublé de ces vêtements, les cheveux coupés court, je suis rentré en classe après la récréation de dix heures… même pas discrètement à 8 h 30 comme tout le monde. Le directeur de l'école de garçons de Gagny m'accompagnait. Cet homme à barbichette blonde, grand et élancé, m'a présenté à mes camarades qui me regardaient, les yeux éberlués, dans mon nouvel accoutrement. Nous étions au début des années 1970, quelques années après 1968. La trentaine de garçons qui me faisaient face avaient tous des tenues décontractées : jeans, sweat-shirts, baskets, cheveux longs. Leurs regards me glaçaient. J'ai entendu une voix au fond de moi, en langue kabyle : « Si je passe cette épreuve, plus jamais rien ne me fera peur. »

« Vous avez un nouveau camarade, il arrive d'Algérie, ce doit être un cancre. » J'ai entendu les ricanements. Il m'a fait signe de m'installer au fond de la classe à la seule place disponible, à côté d'un garçon, blond aux yeux bleus comme je n'en avais jamais vu auparavant. Il s'appelait Frédéric Vanderpotten et il a été, par chance, « mon sauveur ». Il m'a demandé comment je m'appelais, ce que j'avais bien du mal à lui expliquer dans mon français encore approximatif. Il a regardé ma tenue et m'a dit : « C'est quoi ce déguisement, personne ne s'habille comme ça. T'es à côté de la plaque, mon pote ».

Le jour même, il m'a emmené chez lui après la classe. Sa mère, une femme petite, blonde aussi, très en chair, m'a accueilli avec le sourire et m'a embrassé tout de suite. Elle m'a pris contre sa poitrine et m'a dit : « Mon chéri, comment t'a-t-on habillé ? » Puis elle est allée me chercher un jean, un sweat-shirt et une paire de baskets à ma pointure, et m'a demandé de les essayer. J'ai retiré le costume, la chemise blanche et les chaussures cirées… et suis devenu un petit Français comme les autres. Lorsque mon père est rentré du travail le soir et qu'il m'a aperçu avec ces nouveaux vêtements, il m'a simplement demandé pourquoi je ne portais pas le costume. Je lui ai répondu sans crainte : « *Vava*, personne n'est habillé en costume », et je lui ai raconté ce qui m'était arrivé. Un peu inquiet, il m'a répondu : « Ah, ce n'est pas sérieux l'école, alors ? »

Cette année 1971 n'a pas été facile pour nous. En plus de la nécessité de s'adapter à un monde tout à fait étranger, la culpabilité de jouir de nouvelles conditions de vie dont ma grand-mère et mes oncles-frères restés à Alger étaient privés nous poursuivait et provoquait chez ma mère des véritables crises d'angoisse. Me hante encore aujourd'hui le souvenir de ses crises quelques mois après notre arrivée en France, auxquelles nous assistions ma sœur et moi, impuissants, et qui nous avaient tellement affectés. En rentrant de l'école, il était de mauvais présage de voir ma mère allongée sur le canapé du salon, recroquevillée sur elle-même sous une couverture bleu turquoise. J'allais sonner chez la voisine (qui avait le téléphone installé), pour lui demander d'appeler les pompiers. Quelques minutes plus tard, les sirènes retentissaient et les brancardiers emmenaient notre mère aux urgences pour l'hospitaliser quelques semaines.

Ma petite sœur Nabila est née quelques mois après notre arrivée, au mois de mai 1971. Lorsque ma mère était hospitalisée, Nabila était confiée à une nourrice. Nous lui rendions visite le mercredi matin, Nadia et moi. Nous la trouvions enfermée dans une chambre, seule dans sa chaise. Nous n'étions pas autorisés à rester plus d'une demi-heure. En quittant la nourrice qui ne semblait pas prendre bien soin d'elle, nous retenions nos larmes sur le chemin du retour. C'était un beau bébé. Elle souriait et ne pleurait que rarement. Elle nous manquait terriblement. N'ayant pas fait le parcours migratoire Algérie-France, elle a été élevée par nos parents comme on élève des petits Français. Elle a dû apprendre à parler le kabyle un peu plus tard. Nabila était adulée de tous et pouvait avoir cette capacité de tout dire à notre père. Elle ne ressentait pas cette crainte que nous avions à son égard. Nadia et moi avons gardé les marques de la tradition du respect et du dévouement pour nos parents. Nabila les avait également intégrées, mais s'autorisait naturellement à affronter mon père et lui donner son avis.

M. Mayol, « pied-noir » mais d'abord instituteur

Je suis arrivé en milieu d'année en classe de CM1. J'avais donc un an de retard par rapport aux autres élèves. Dans le système scolaire algérien à l'indépendance, l'école primaire débutait par un cycle de deux années de cours préparatoire en langue arabe littéral et c'est seulement en première année de cycle moyen, le cours élémentaire 1, que commençait l'apprentissage du français. À l'école primaire « La Croix » de Kouba où nous étions scolarisés Noureddine et moi entre 1966 et 1970, la moitié des cours étaient dispensés en français par notre institutrice, dont nous étions évidemment tous amoureux. Elle s'appelait Mlle Békouche. Elle était extrêmement passionnée par son métier, préoccupée par la transmission vers chaque élève, et avec elle ça marchait droit.

Notre vieux professeur d'arabe, M. Bahri, que nous détestions, était paresseux, glouton, et passait sa journée assis sur sa chaise perchée sur l'estrade, accumulait les épluchures de cacahuètes qu'il jetait sans précaution. À la fin de la journée, un amas d'épluchures se formait tout autour de lui. Il passait son temps à nous faire répéter par cœur des formules toutes faites en arabe littéral, parfois issues de sourates du Coran, et à nous frapper avec une règle en bois. Je me souviens de cette mère d'élève qui lui avait apporté un burnous tissé par ses soins, qu'il avait accepté sans sourciller, afin de permettre à son fils de passer en classe supérieure. L'hymne national algérien, les chants à la gloire du drapeau et la sourate d'ouverture du Coran occupaient nécessairement la première heure de cours de la journée. Autant dire que j'avais du retard à combler en arrivant dans la classe de CM1 de l'école de garçons de Gagny.

Mon premier instituteur en France s'appelait M. Mayol. Il venait aussi d'Algérie. C'était un « pied-noir », qui avait enseigné aux élèves des familles européennes, et aussi à quelques élèves « musulmans » indigènes. Il avait donc conservé la morgue des colons pour les « petits Arabes ». M. Mayol devait avoir entre trente-cinq et quarante ans, avait un visage rond, des grosses et grandes lunettes qui couvraient le haut de son visage, et laissait paraître un embonpoint certain. À la lecture de mes nom et prénom, il m'a très vite catégorisé comme un « petit Arabe ». Il se comporta donc de manière particulièrement humiliante et méchante avec moi dès mon arrivée. Il n'hésitait pas à m'appeler à le rejoindre sur la grande estrade, puis à me faire tomber en me balayant les jambes, sous les rires aux éclats de mes camarades de classe. J'étais bousculé et frappé, comme on faisait aux indigènes d'Algérie. « C'est bien ce que te fait ton père, non ? » s'amusait-il à me demander tout en m'administrant ces châtiments corporels et humiliations – qu'il n'infligeait à personne d'autre de la classe. Il était certain que mon père, qui ne manquait pas une réunion de parents d'élèves avec les instituteurs, approuverait mon « traitement privilégié » car il penserait vite que c'était pour mon bien ; c'est du moins ce que M. Mayol pensait. Il me demandait aussi chaque matin de venir au tableau écrire la date en arabe, ce que j'exécutais sous le regard moqueur des élèves de la classe. Je ne sais pas s'il s'agissait de m'humilier un peu plus, ou bien si, un brin nostalgique, cela lui rappelait son Algérie natale.

Un jour qu'il avait découvert en parlant avec mon père que nous étions originaires de Kabylie, il s'est soudain mis à changer de comportement avec moi et a cessé de me frapper. En Algérie, les colons avaient tendance à considérer un peu différemment les Kabyles qui étaient, selon leur vulgate raciste, « plus intelligents que les Arabes ».

C'est pourtant bien cet instituteur pied-noir, qui croyait en la hiérarchie des « races », qui a « sauvé » ma scolarité et m'a permis de suivre un cycle scolaire normal.

Un jour, vers la fin de ma première année de CM1, le directeur de l'école est arrivé dans la classe, s'est dirigé vers moi, et m'a donné un document officiel à remettre à mon père. J'étais en CM1, mais j'avais un an de retard et je devais d'abord maîtriser le français pour suivre le programme scolaire ; il m'a proposé de passer directement en « sixième de transition ». Ignorant ce que cela pouvait bien signifier, conscient que mes notes au début de mon arrivée n'étaient pas fameuses, la joie de devoir sauter une classe m'avait dans un premier temps transporté.

Mon père n'était pas aussi enthousiaste, suspectant une mauvaise orientation. Il a demandé rendez-vous à M. Mayol, qui l'a reçu et lui a recommandé de ne surtout pas accepter cette proposition qui consistait à m'orienter dans cette « voie de garage » qui à ses yeux ne pouvait mener qu'au collège d'enseignement technique, le CET. La sixième de transition était en effet supposée s'adresser aux élèves qui rencontraient des difficultés scolaires ou de langue, ou qui n'étaient pas encore suffisamment préparés pour intégrer directement la sixième classique du collège. Telle qu'elle était présentée dans les brochures, elle visait à combler les lacunes dans l'éducation des élèves en difficulté, et à les mettre à niveau pour qu'ils puissent réussir au collège. En réalité, choisir cette « sixième de transition » signifiait se retrouver dans un ghetto qui vous conduisait vers le CAP ou le BEP. Plus tard, René Haby, ministre de l'Éducation de Giscard d'Estaing, mettra fin à l'orientation dès la sixième en créant le collège unique en 1975.

La façon tellement légère et tellement peu professionnelle dont ce directeur de l'école primaire orchestrait les orientations continue de m'interroger. Me concernant, sa volonté de m'envoyer en « sixième de transition » provenait de quelques caractéristiques apparentes qui n'avaient pas grand-chose à voir avec mon niveau ou encore mon potentiel de rattrapage et d'adaptation au nouveau système scolaire. Par exemple, mon trilinguisme n'était guère pris en considération. L'agilité intellectuelle qu'autorisaient ces apprentissages des langues dès le plus jeune âge, et la dextérité avec laquelle nous passions spontanément d'une langue à l'autre selon nos différents interlocuteurs, m'avaient beaucoup aidé dans l'acquisition des autres compétences scolaires et dans l'apprentissage des autres langues tout au long de ma scolarité en France. C'est aussi cette chance-là que nous avait offerte notre première émigration de ce petit village enclavé des montagnes de Kabylie vers la capitale algérienne. Pire, mes résultats scolaires excellents à Alger n'avaient pas été pris en compte par ce directeur de l'école. Seuls comptaient à ses yeux mon retard d'un an par rapport aux autres élèves – et surtout, peut-être, ma provenance toute récente d'Algérie. Le directeur ne me voyait qu'à travers le prisme de l'immigré arrivé d'Algérie, comme si je n'avais pas d'histoire familiale et individuelle. On retrouve souvent dans les propos politiques d'extrême droite relayés par certains éditorialistes ou essayistes, cette vision de l'immigré sans passé, sans histoire ; une manière de mettre à distance les étrangers, de ne leur donner qu'une identité liée à leur émigration, et plus encore à leur *immigration*. J'étais ainsi réduit, aux yeux de notre directeur, à mon seul statut d'enfant mineur immigré ne parlant qu'un français approximatif, étrangement arrivé en plein milieu d'année à l'âge de dix ans.

« Que fait ton père ? m'avait interrogé le directeur, lors de ma seconde rentrée des classes.

– Chauffeur poids lourd, monsieur, ai-je répondu.

– Ah oui, c'est pour ça qu'il te traîne ! » m'a-t-il asséné, provoquant l'hilarité de mes camarades de classe.

Heureusement pour moi, l'âme d'instituteur de M. Mayol l'emportait sur ses préjugés racistes et ses restes de mépris envers les anciens indigènes de l'Algérie française. Son action, tant auprès de mon père pour lui expliquer les choses, qu'auprès du directeur de l'école pour le convaincre de ne pas m'orienter vers cette *sixième de transition*, était fondée sur son expérience d'observation des élèves. Il a expliqué à mon père qu'il voyait mon potentiel et qu'il suffirait que je redouble cette premièrere année de CM1, que je n'avais suivie qu'à moitié, pour que tout se passe bien par la suite. Il avait décelé en moi des « capacités intellectuelles et de compréhension significatives » et un désir d'apprendre et de progresser très éloignés des caractéristiques qu'on attribue généralement aux « cancres ».

Tout s'est passé, d'ailleurs, comme il l'avait prédit. J'ai redoublé le CM1 et en quelques semaines, après le début de mon second CM1, je suis passé dans le groupe de tête de la classe. J'ai amélioré mon français grâce à un séjour d'un mois en colonie de vacances à Saint-Jean-de-Mont en Vendée, en juillet 1971, organisé par la ville de Bois-Colombes, grâce au comité d'entreprise de la compagnie SKF. Un mois d'immersion totale avec des enfants allant de dix à quatorze ans m'a permis d'apprendre les expressions qui manquaient à ma culture francophone. Plus tard, après un CM2 réussi, j'ai été orienté vers une sixième normale au collège de Lésigny, où nous avions emménagé durant l'été 1973.

Vive la comtesse de Ségur !

Un samedi matin du printemps 1971, M. Mayol a rencontré mon père au marché où tous les samedis matin il achetait du poisson – des tranches de cabillaud, car « c'est bon pour l'intelligence », disait-il, qu'il faisait cuire grillées, accompagnées d'une purée de pommes de terre, ou d'une poêlée de petits pois. M. Mayol lui avait conseillé de nous acheter des livres pour nous familiariser avec la langue et la culture françaises, et de nous envoyer à la bibliothèque municipale. La parole de l'instituteur était d'or pour mon père. Il m'a d'abord acheté un dictionnaire, le *Petit Larousse illustré*, que j'avais lu, ce qui peut apparaître absurde, du début jusqu'à la fin, en quelques semaines. Puis, après lui avoir expliqué que nous avions besoin de lire des romans, il avait demandé à l'un de ses collègues de travail s'il avait, à tout hasard, des livres à nous prêter. C'est ainsi que mes premières lectures ont été livrées par mon père par cartons, sortis d'un vieux grenier familial de son collègue. Le premier contenait les œuvres complètes de la comtesse de Ségur. J'avais dévoré en quelques semaines ces romans d'un autre temps, comme *Le Général Dourakine* ou *Les Malheurs de Sophie*.

J'appréciais particulièrement le personnage du général Dourakine, ce militaire russe, veuf et père de deux enfants, le jeune Alexis et la petite Sophie. La figure du général, homme autoritaire, au cœur bon, qui aime profondément ses enfants et tâche de les éduquer dans la vertu et la piété, ne m'était pas étrangère. Son caractère m'était même familier. De manière très moraliste, l'auteure le décrit comme un père dévoué à guider Sophie dans sa croissance spirituelle et dans sa vie quotidienne. Les valeurs nobles et chrétiennes, qu'il souhaite ardemment transférer à ses enfants, reflètent son sens profond de la moralité et de la foi. J'étais aussi sensible à la piété de Sophie. J'ai été ému par le sens de la justice et de l'abnégation qui se dégageait de ces personnages. Sans doute y avait-il là une continuité étrange avec la morale de ma famille et de mon village maraboutique, avec laquelle j'avais fait mes premiers pas dans la vie…

Vive les chalandonnettes !

Que vient faire Albin Chalandon, disparu le 29 juillet 2023, ancien ministre durant la période gaulliste et ministre de l'Équipement et du Logement du gouvernement Pompidou de 1965 à 1972, dans mon histoire ? Grâce à ses « chalandonnettes[2] », nous avions quitté Gagny en Seine-Saint-Denis pour Lésigny en Seine-et-Marne, où mes parents avaient pu acheter un pavillon. Sans se rencontrer, Albin Chalandon et ma mère se sont objectivement ligués pour convaincre mon père que notre avenir immédiat allait passer, seulement deux ans après notre arrivée en France, de Gagny dans le 93 et cet appartement HLM de quatre pièces, à une maison individuelle mitoyenne de quatre ou cinq autres propriétés similaires, achetée à l'aide d'un prêt à taux zéro. Notre nouvelle adresse nous faisait rêver : 26, rue des Lys. Ma mère avait compris très vite que l'accès à la propriété nous permettrait de ne pas « gaspiller » notre argent dans un loyer et de l'investir dans l'accumulation d'un capital immobilier, source d'ascension sociale et de réussite migratoire. Ma mère avait imposé à mon père un nombre d'enfants très largement inférieur à la norme dans cette Algérie du début des années 1960, qui se préparait déjà à sa libération du joug colonial, où les femmes accouchaient encore de sept ou huit enfants en moyenne, sans tenir compte de la mortalité infantile. Nous, nous n'étions « que » trois enfants.

On appelait donc ces pavillons les « chalandonnettes », du nom d'Albin Chalandon qui avait pris des mesures d'accession à la propriété pour les classes moyennes et populaires : des maisons mitoyennes industrielles construites à la va-vite dans des zones périphériques des grandes agglomérations. Mais les problèmes de conception et d'acoustique auxquels étaient confrontés les nouveaux propriétaires alimentaient les critiques des municipalités communistes ou socialistes, qui leur préféraient les logements sociaux collectifs de type HLM.

Mais pour nous, qui étions passés par un appartement HLM, c'était une chance. Une chance d'échapper à la vie des cités, qui allaient vite concentrer les populations des classes ouvrières d'immigrés « importés » par les entreprises dans les années 1960 et que l'État français avait « enfin » décidé de déplacer des bidonvilles de Nanterre et autres grandes villes vers ces cités HLM. S'y sont ajoutées les familles issues du regroupement familial. La désindustrialisation des années 1980-1990 a fait le reste. Les emplois industriels détruits ou délocalisés ont laissé sur place les populations face au vide économique, à l'absence d'infrastructures, et au désert culturel. Dans la même période, les associations culturelles dans les mairies communistes, qui structuraient la vie des quartiers, se sont peu à peu érodées. Les populations des classes moyennes choisissaient les grands territoires périurbains. Les populations vulnérables, celles des travailleurs qui avaient été « importés » pour travailler dans ces industries, se sont concentrées dans ces nouveaux ghettos. C'est à partir de la seconde moitié des années 1980 que le capitalisme français connaît ce triple processus d'inégalités sociales, territoriales et ethniques. Les trois dimensions se sont superposées, favorisant la formation de ces ghettos. Mais, comme le montrait Éric Maurin dans son livre *Le Ghetto français* (Seuil, 2004), il s'est en fait agi d'un processus de ghettoïsation par le haut : « Les "quartiers difficiles" sautent aux yeux mais pas les stratégies de fuite et d'évitement qui en éloignent », écrit-il. « Si déchirement il y a, il est d'abord l'œuvre d'élites qui mobilisent toutes leurs ressources pour se mettre à l'écart. » Mes parents, sans le savoir consciemment, ont précisément recherché, en quittant la Seine-Saint-Denis pour la Seine-et-Marne, ce processus de fuite vers les zones périurbaines. Notre lotissement de Lésigny, nommé « Villes et Jardins », avait attiré des agents de police, des fonctionnaires de l'administration sociale, des professeurs du secondaire et des instituteurs… bref, des membres de la classe moyenne. L'un de mes professeurs de mathématiques au collège habitait aussi « Villes et Jardins », ce qui nous donnait l'impression d'appartenir à la même classe sociale que lui. Nous étions quasiment les seuls enfants d'immigrés ; et même les seuls enfants d'ouvriers. Mais nous avions alors la chance d'accéder aux bonnes écoles et aux bons collèges de la République.

J'ai appris plus tard que, dans les cités ouvrières de la Seine-Saint-Denis, où j'aurais pu grandir si nous n'avions pas déménagé, les réussites par l'école sont nombreuses mais peu visibles – on n'en montre le plus souvent que les réussites héroïques par le sport. Comme le montrent certaines études, la mobilité sociale des descendants et des descendantes d'immigrés est plus fréquente qu'on ne le pense, mais elle est davantage liée à l'origine sociale qu'à l'origine géographique[3]. Pour comprendre des itinéraires singuliers, que l'on a l'habitude de classer dans les « queues de distribution statistiques », il faut tenir compte du passé, de l'histoire, du contexte familial et des caractéristiques subjectives non observables statistiquement directement.

Ces nouveaux quartiers pavillonnaires de « Villes et Jardins » avaient reçu un accueil glacial des habitants des résidences alentour, beaucoup plus chics, du « Parc » et de « l'Orée » de Lésigny, qui ressemblaient aux lotissements cossus à l'américaine possédant des terrains sans clôture. Les cadres supérieurs, les professions libérales et les chefs d'entreprise y constituaient la majorité. Qui dit familles riches, dit écoles locales bien cotées, ce qui attirait les familles avec des enfants en âge scolaire. Ces « îlots de riches » avaient été construits dans les années 1960 en pleine période de croissance fordiste, où le PIB présentait des taux de croissance de 6 à 7 % jamais retrouvés depuis les années 1970, et où les salaires réels augmentaient sensiblement. Les habitants se comportaient comme des « insiders » qui voyaient, avec beaucoup d'inquiétude et de mépris, arriver les classes moyennes moins privilégiées des nouveaux lotissements de « chalandonnettes ».

Nous sommes restés seulement quatre années dans notre chalandonnette de « Villes et Jardins ». Depuis notre emménagement à Lésigny, ma mère avait recouvré une complète santé mentale et physique. Elle était une vraie bricoleuse, fabriquant de ses mains des meubles de toutes sortes, travaillant le potager du jardin pour augmenter notre pouvoir d'achat grâce à l'autoproduction d'une série de biens de consommation (légumes, fruits, lapins, vêtements cousus par elle…) et d'équipement (tables, chaises, lits, canapés…). Dans le jardin, elle avait construit une petite cabane et reconstitué le *kanoun* kabyle pour y faire cuire beignets, couscous, viandes et maïs grillés…

Elle avait par la suite encouragé mon père, alors chauffeur d'autocar de la mairie, à candidater pour occuper la position de gardien d'un manoir situé dans le vieux village de Lésigny. En échange d'un gardiennage, nous pouvions être logés dans une grande maison de la fin du XIXe siècle, et notre maison de « Villes et Jardins » pouvait alors être louée et rapporter un revenu supplémentaire à mes parents. La maison de gardien que nous occupions alors était séparée de la propriété par une route et un rond-point.

M. Chevalier, le propriétaire, était un ingénieur des Mines à la retraite et ancien polytechnicien. Mon père n'a pas manqué de me présenter à lui. « C'est mon fils. Il travaille bien à l'école. Il va faire des études longues et devenir, peut-être, ingénieur. » M. Chevalier lisait *L'Aurore*, un journal marqué à droite. C'est moi qui étais alors chargé de lui rapporter le journal. Je me souviens d'avoir reçu deux ou trois fois des explications en mathématiques de la part de M. Chevalier pour m'aider à achever un devoir, ou en français. Mais à la vérité, M. Chevalier me terrifiait. Sa femme dépressive et alcoolique me terrorisait et je n'aimais guère l'odeur qui régnait dans leur manoir, sombre et chargé de meubles anciens et de tableaux que je trouvais d'une tristesse déprimante. La rencontre avec M. Chevalier et ses conseils de lecture – Chateaubriand et ses *Mémoires d'outre-tombe*, parmi d'autres – tranchaient avec l'éveil politique contestataire auquel m'initiait alors un camarade de classe nommé Jean-Marc Cardoso.

L'élargissement de la famille dans la région parisienne

À Lésigny, nous étions heureux. Nous grandissions, mes sœurs et moi, dans la joie de l'unité familiale et de l'espace pavillonnaire qui nous apparaissait bien luxueux. Mais ma mère, anéantie par la douleur d'avoir laissé sa mère, ses frères, ses sœurs, dans cet appartement de la cité Jolie Vue, a travaillé mon père au corps pour qu'il suggère à ses beaux-frères Menwar et Mohamed, maris respectivement de ses sœurs Malika et Hassina, de les faire venir en France avec leurs enfants. Mes deux oncles occupaient des postes de maître d'hôtel dans les cabarets parisiens. Ils avaient une vision du travail très différente de celle de mon père. Lui assumait sa condition ouvrière et augmentait la quantité de travail le week-end pour gagner plus d'argent. Syndiqué à la CGT, le travail était sa valeur première. Les deux autres le moquaient souvent car eux gagnaient beaucoup d'argent dans ces emplois nocturnes des cabarets où ils pouvaient rencontrer les riches de ce monde, surtout des émirs du Moyen-Orient. Ils avaient un certain mépris pour le salaire ouvrier de mon père travaillant dur pour gagner un peu plus que le SMIG. Mon père répondait toujours que lui n'était jamais au chômage tandis que mes oncles pouvaient rester plusieurs mois sans travailler, n'acceptant que des salaires élevés. J'avais une véritable adoration pour ces oncles qui donnaient une image de la vie moins rigoureuse et moins tournée vers la réussite par le travail que mon père. Cela équilibrait les choses. Mais au fond de moi, je savais que mon père avait raison. L'argent n'était pas le moteur. Le travail bien fait, la réussite des objectifs, devenir quelqu'un d'instruit, étaient les vertus cardinales prodiguées par mon père.

À force de persuasion, il avait réussi à les convaincre de faire venir leurs familles. Le premier passé à l'action fut mon oncle Menwar. Ma tante Malika et mes cousins Samira et Samir sont arrivés en 1974 et ont atterri dans un appartement à Noisy-le-Grand. J'avais quatorze ans et j'adorais les retrouver le dimanche pour un déjeuner préparé avec maestria par ma tante. J'avais l'impression de revivre ces déjeuners interminables de la rue Michelet à Alger au son tout à la fois mélancolique et enjoué d'Oum Kalthoum. Ensuite mon oncle Mohammed a fait venir ma tante Hassina accompagnée de ses deux enfants Azzedine et Redouane. L'aîné, Kamel, considéré comme trop âgé pour changer de système de scolarité, est resté vivre chez ma grand-mère à la cité Jolie Vue.

Peu à peu, mes tantes et oncles se sont rapprochés de notre localisation de Lésigny en s'installant à Boissy-Saint-Léger. C'est ainsi que mes cousins ont aussi fréquenté le lycée Guillaume Budé à Limeil-Brévannes, quelques années seulement après mes sœurs et moi. C'étaient les années Giscard, et ces regroupements ont bien réussi. Nous nous voyions très souvent, jusqu'à ce qu'une série de méprises, de paroles vexantes ou ironiques (le « *nah* » en kabyle), ait créé des fractures insurmontables entre ma mère et mes tantes. Les choses ont commencé à se dégrader pour des histoires de susceptibilités qui nous semblaient, à nous adolescents, absurdes. Le délitement irréversible de cette famille s'est accéléré avec son déracinement et nous a dépassés, nous les enfants. Seule ma grand-mère Djamila, venue aussi vivre en France, essayait de recoller les morceaux entre ses filles, parfois maladroitement et sans grande efficacité.

L'immigration n'est pas la cause première de ces bisbilles. Elle les a amplifiées. C'est plutôt dans les enfances complexes et concurrentielles entre ma mère et ses sœurs, les liens inextricables faits de culpabilité et de reproches à l'égard de ma grand-mère, qu'il convient de trouver les origines de ces troubles familiaux. Il a fallu des drames et des disparitions pour que, très récemment, les sœurs laissent de côté leurs griefs. Mes sœurs et moi sommes restés privés de nos cousines et cousins.

Oser penser par soi-même avec les frères Cardoso

L'arrivée à Lésigny m'a donné la chance inouïe de faire la connaissance de Jean-Marc Cardoso au collège d'enseignement secondaire de la ville. Très vite nous sommes devenus amis. Il me fascinait. C'était un pianiste très doué. Son frère, Pierre, était aussi musicien. Avec eux, j'ai découvert « la » bonne musique : Genesis, Yes, Jimi Hendrix, les Doors, Simon and Garfunkel, mais aussi Brel et Ferré. Un monde s'ouvrait à moi.

La famille de Jean-Marc appartenait à la classe moyenne supérieure : sa mère travaillait dans un organisme de sécurité sociale à Melun. Son père, intellectuel discret, était musicien. Ils habitaient dans le lotissement un peu plus haut de gamme, à côté du nôtre à Lésigny. Comme moi, ils étaient immigrés, venus du Portugal, même si les enfants, eux, étaient nés en France. À cette période, l'immigration espagnole et portugaise était encore dominante en dépit d'un début de tarissement des flux.

J'ai rencontré Jean-Marc près du collège où je stationnais mon vélo. Nous avions une quinzaine d'années. C'est lui qui m'a abordé le premier. Après quelques mots de salutations entre jeunes adolescents, il m'a immédiatement demandé si j'étais pour ou contre la peine de mort. C'était la première fois qu'une question liée à un positionnement sur un problème de société m'était posée. Je ne savais pas que l'on pouvait avoir une position : pour ou contre. La peine de mort ? J'ai répondu par une question : « Et toi ? » Il a alors entamé un long discours, structuré mais direct, parlant d'une vengeance du système, selon lui inacceptable. Jean-Marc plaidait contre la peine de mort, encore en vigueur en 1975, avant son abolition par Badinter en 1981.

Il a commencé par l'argument de l'erreur judiciaire, inévitable selon lui, et irréparable en cas d'application de la peine, en citant des exemples de personnes exécutées à tort, insistant sur le fait que la mort est définitive. Puis il a abordé des arguments éthiques, affirmant que la peine de mort est inhumaine à cause de sa brutalité, et qu'il existe des alternatives plus civilisées pour punir les criminels.

Jean-Marc a également souligné l'absence de preuve que la peine de mort dissuade réellement les crimes graves. Pour lui, l'État ne devrait pas avoir le pouvoir de tuer délibérément, par respect des droits de l'homme. Il a évoqué Louis Casamayor et « l'habeas corpus », une notion qui m'était totalement inconnue. C'était la première fois que j'entendais parler de ce principe juridique qui protège un individu contre une détention illégale ou arbitraire.

Je l'ai écouté avec admiration mais aussi circonspection, ne sachant pas qu'il pouvait être permis à des jeunes comme lui et moi de se prononcer en faveur de l'abolition de la peine de mort. J'ai répondu en balbutiant quelques mots que je ne savais pas bien quoi penser de tout cela pour laisser place à ses propres réponses. J'absorbais ses paroles. Je suis rentré à la maison, excité par cette découverte. Ma vie d'adolescent allait être transformée. Un adolescent qui peut penser et prendre des positions politiques. J'ai ouvert mon Larousse. Habeas Corpus. Peine de mort. Vengeance de la société. Je me suis vite fait une conviction : celle de Jean-Marc.

Avec les frères Cardoso, nous formions une petite bande avec d'autres copains de Lésigny qui faisaient partie de la génération post soixante-huit. Jean-Marc souhaitait que nous protestions contre l'extradition de Klaus Croissant, avocat de la Fraction armée rouge, la « Bande à Baader », groupe terroriste allemand qui a sévi dans les années 1970. J'ignorais qui étaient Baader et sa bande et encore moins qui était leur avocat Klaus Croissant. Et que voulait dire extradition ? Pourquoi être contre l'extradition ? Pour ou contre ? Je ne me sentais pas en accord avec ces idées mais n'osais les contester et surtout n'avais pas les arguments pour le faire. Je croyais plutôt qu'il fallait un État plus juste, et plus respectueux des pauvres et des dominés. Mes arguments étaient inspirés de ce que j'avais vécu et de l'optimisme ambiant dans ma famille pour la réussite et le progrès. Mais ces idées m'apparaissaient trop naïves pour que j'en fasse état. Alors j'écoutais ces idées, trop radicales à mes yeux, appelant à une société sans État où chacun ferait ce qui lui plairait. Surtout, pour Jean-Marc Cardoso, il fallait détruire le système scolaire. Mais au plus profond de moi-même, critiquer l'école ne m'était pas permis. Lorsqu'il m'a conseillé de lire *Une société sans école* d'Ivan Illich, ce que j'ai fait aussitôt en me précipitant à la bibliothèque du collège pour l'emprunter, j'en ai été consterné. J'ai pensé que de telles idées ne pouvaient être formulées que par des personnes privilégiées. Moi qui venais, et viens toujours d'ailleurs, d'un peuple, d'un village, d'une famille marqués à jamais par l'absence de l'école, je ne pouvais adhérer à ces idées.

Quelques mois après, Jean-Marc m'a proposé d'écrire avec lui un billet dans le journal du collège contre l'extradition de Klaus Croissant. J'avais refusé gentiment en prétextant un risque d'extradition… en Algérie. Je craignais surtout la réaction de mon père, qui tous les soirs, nous demandait à ma sœur et moi quelle était la raison pour laquelle il nous avait fait venir en France. « L'école bien sûr ! » C'est pourtant bien cette rencontre avec les frères Cardoso qui m'a permis de construire, pierre par pierre, cet esprit critique et le sentiment qu'il faut se révolter contre l'ordre établi. J'adhérais même, de temps en temps, à certaines de leurs idées contestataires… ce qui me coûtait parfois quelques points dans mes notes.

Une orientation « de classe »

Au collège, je me trouvais donc parmi les rares enfants d'ouvriers et encore moins d'immigrés à côtoyer les enfants de la bourgeoisie et de la petite bourgeoisie. Comme j'étais parmi les meilleurs élèves, mes professeurs de classe de cinquième m'ont orienté vers les classes allemand-latin, perçues comme les meilleures. Le collège de Lésigny était dirigé par un principal et une équipe de direction qui avaient fêté la victoire de Giscard contre Mitterrand en 1974. La municipalité était à droite. Mes résultats étaient bons dans la plupart des matières et j'avais toujours le « tableau d'honneur ». Mais lorsque est arrivée l'orientation en seconde, j'ai de nouveau été victime de mes origines sociales. « Dans mon intérêt » – et je ne doute pas de l'intention de mon professeur principal et de mon professeur de mathématiques que j'appréciais beaucoup –, il valait mieux m'orienter en seconde T1, technologie et mathématiques, l'équivalent de la seconde scientifique C de l'époque. La seconde T1 était orientée vers les matières scientifiques, mais moins littéraire[4]. Cette orientation devait me permettre d'accéder à une première et une terminale « E », une filière qui alliait sciences et technologies. Réservée aux meilleurs élèves de seconde T1, elle proposait un enseignement solide en mathématiques et en techniques appliquées, à la croisée des voies générales et techniques. Grâce à mes résultats, j'aurais pu intégrer cette filière, qui ouvrait les portes des instituts universitaires de technologie, des classes préparatoires aux grandes écoles scientifiques ou encore des écoles d'ingénieurs spécialisées. Cela me donnait l'opportunité de commencer à travailler rapidement, une nécessité soulignée par ma professeure principale : « Votre père, ouvrier, ne pourra pas vous financer des études longues. »

Il y avait une autre raison pour laquelle on m'avait conseillé cette orientation en seconde T1. J'avais indiqué dans ma fiche à remplir en réponse à la question « Que souhaitez-vous faire plus tard comme métier ? » : ingénieur chimiste... J'avais entendu une animatrice de colonie de vacances, un camp d'ados dans les Alpes-de-Haute-Provence, où j'avais eu la chance de passer les vacances de l'été qui précédait ma rentrée en troisième, dire fièrement de son frère, animateur comme elle dans la même colonie : « C'est mon frère, il a vingt-cinq ans et il vient d'avoir son diplôme d'ingénieur chimiste. » Je me suis alors accroché à cet éloge d'une sœur pour son frère. Mes professeurs avaient juste croisé cette réponse avec ma situation sociale (père ouvrier), et ont insisté pour m'orienter en seconde T1 maths-techno. Ces conseils, même pétris de bonnes intentions, procédaient surtout d'un préjugé de « classe » : sans cela, on m'aurait conseillé la seconde C comme tous les bons élèves à la fois en mathématiques et dans les matières littéraires. Mal informés, et surtout confiants dans les conseils des professeurs, mon père et moi avons accepté cette orientation en seconde T1. Les autres bons élèves de la classe de troisième ont bien entendu tous été orientés en seconde C, la seconde d'excellence de l'époque. À l'exception d'un autre enfant d'immigrés... Jean-Marc Cardoso, alors qu'il était extrêmement doué au piano.

Dans cette période où l'adolescence découvre les amours et la poésie, je vivais comme une malédiction de me retrouver dans une classe de seconde T1, seulement avec des garçons.

Il fallait se lever tous les matins à six heures pour prendre l'autocar qui nous conduisait à Melun, à une trentaine de kilomètres de Lésigny. Parfois la mère de Jean-Marc, qui y travaillait, nous accompagnait en voiture. Nous pouvions alors nous lever un peu plus tard. Mon premier jour de lycée a été un véritable cauchemar, m'ayant provoqué un torticolis épouvantable. Beaucoup de mathématiques et de physique, du dessin industriel et d'autres applications électroniques et techniques ; mais moins de français, de langues vivantes et d'histoire-géographie, matières que j'aimais tout particulièrement. Surtout, six ou sept heures d'atelier, à supporter les remarques racistes et sexistes du professeur, un ancien contremaître. Il nous apprenait à utiliser les fraiseuses, les tours et d'autres engins mécaniques permettant de travailler le fer, l'acier et d'autres matériaux solides. Je détestais profondément cette activité qui m'obligeait à porter un bleu de travail et des chaussures de sécurité – les mêmes vêtements de travail que ceux de mon père.

Je lisais Rimbaud et Baudelaire en atelier, ce qui m'avait valu de nombreux sarcasmes à tonalité viriliste et homophobe. Ma professeure de français et mon professeur d'histoire-géographie à qui j'avais parlé de mes malheurs m'avaient conseillé de voir le proviseur. Comme mes résultats en mathématiques et dans le peu de matières littéraires que nous avions étaient bons, j'avais obtenu une orientation en première E (l'équivalent de la première C) pour passer un bac E, comme le prédisaient mes conseillers d'orientation à la fin de la classe de troisième. J'ai alors décidé de demander une réorientation directe en première scientifique d'un lycée généraliste. Mon père m'avait aidé dans cette démarche auprès de la proviseure du lycée Guillaume Budé à Limeil-Brévannes, qui avait accepté de m'accueillir, compte tenu des résultats que je pouvais exhiber. Surprise par la redondance de mon nom et par mon statut d'étranger titulaire d'une carte de résidence de dix ans, elle m'avait proposé de m'aider à déposer un dossier de naturalisation française, ce qui me paraissait impensable à cette époque où le désir de retourner en Algérie pour aider à son développement me travaillait encore. Ma seconde grande chance a été mon arrivée dans ce lycée. En deux années, j'ai l'impression d'en avoir vécu une dizaine à toute allure. J'ai fait la connaissance de merveilleux professeurs, tous engagés auprès de nous.

Les moissonneuses-batteuses

Après qu'il était devenu mon « sauveur » dans cette école de garçons de Gagny en 1971, une véritable amitié était née entre Frédéric Vanderpotten et moi, renforcée par nos différences. J'ai appris très vite qu'il ne s'intéressait pas à l'école et qu'il souhaitait se diriger plus tard vers un lycée technique agricole. Son père mécanicien dans un garage était fils d'immigrés néerlandais, issus des dernières vagues d'immigration européenne. Nous nous étions perdus de vue après notre déménagement deux ans seulement après notre arrivée à Gagny, vers la Seine-et-Marne, cette petite ville de Lésigny. Je l'ai retrouvé quelques années plus tard, par un heureux hasard de rencontre entre ses parents et les miens. Nous avions dix-sept ans et ils m'avaient convié à passer trois semaines de vacances avec eux, dans une maison qu'ils louaient chaque année en Dordogne, près de Bergerac, dans un village entouré de champs. C'étaient des retrouvailles étranges. Nos chemins s'étaient séparés. J'étais un jeune intellectuel en formation, en voie de politisation, bon élève dans un lycée généraliste, et titulaire d'un BAFA, brevet d'aptitude à la fonction d'animateur, ce qui me permettait de gagner un peu d'argent en étant animateur de colonies de vacances ou de centres aérés. Frédéric était scolarisé dans un lycée technique agricole, en BEP. Nous avons fait le trajet dans la petite voiture Ami 6, Citroën à l'allure unique, avec une carrosserie trapézoïdale, tirant une remorque remplie des bagages des Vanderpotten. La voir de face, phares ronds placés en haut du capot, vous donnait l'impression d'un robot des films de science-fiction des années 1970. Nous étions tous les deux assis sur la banquette arrière comme des petits enfants et les parents de Frédéric devant… Ma surprise fut grande lorsque nous nous sommes retrouvés à partager la même chambre de la petite maison de vacances. À cette époque je m'intéressais surtout à la politique, influencé par le milieu petit-bourgeois de Lésigny dans lequel j'évoluais. J'avais aussi découvert l'amour et les filles… Au bal du 14 juillet de Lésigny, à mes quatorze ans, une fille de mon âge, blonde, cheveux longs, yeux bleus, terriblement belle, habillée d'un jean, d'un teeshirt blanc et d'une paire de baskets Stan Smith, s'était approchée de moi.

« Tu veux danser ?

– Heu… je ne sais pas danser.

– Ce n'est pas grave, c'est un slow, il suffit de me suivre. »

Je me suis levé, tout impressionné, et enthousiasmé par cette nouvelle découverte. J'ai suivi ses pas lents sur une chanson de rêve par les Beatles, « *Hey Jude, don't make it bad…* » Elle m'a serré contre elle ; c'est ainsi que le slow se dansait, m'a-t-elle expliqué. Puis elle m'a embrassé. J'étais complètement transporté et me suis demandé quel était ce merveilleux pays dans lequel j'étais arrivé ; où les filles vous invitent à danser et vous embrassent sans que vous ayez rien à demander.

La musique que j'écoutais était diamétralement opposée à celle de Frédéric, qui avait laissé sortir de sa radiocassette la musique disco de Donna Summer.

– Tu ne connais pas ? m'avait-il interrogé, fier de me faire découvrir une musique dansante en vogue. Gêné, je n'osais pas lui dire que c'était bien le genre de musique que je détestais. Les jeunes intellectuels contestataires que nous prétendions être, mes amis de Lésigny, Jean-Marc Cardoso et les autres, étions attirés par le rock pour ses messages de protestation et de remise en question de l'ordre établi. Le disco, pour nous, n'avait que faire de la contestation et ne se posait pas les problèmes de société. Je précisai à Frédéric que j'adorais aussi la chanson française « à texte » en citant les plus connus Brel, Brassens, Barbara, Julos Beaucarne, Hubert-Félix Thiéfaine... Rien d'original dans le milieu baba cool de Lésigny mais cela ne parlait guère à mon ami retrouvé, qui m'avait sauvé, quelques années plus tôt, lorsqu'il m'avait appris à m'habiller et m'avait transmis les rudiments du français de la rue. Nous avons donc écouté séparément nos musiques préférées dans la chambre.

Nos divergences n'ont fait que se multiplier après quelques jours passés ensemble, en particulier dans les moments calmes. Je lisais, très difficilement, je l'avoue, en relisant plusieurs fois le même paragraphe, *L'Esprit des lois* de Montesquieu et *La Nouvelle Héloïse* de Rousseau. Quelque chose en moi m'obligeait à poursuivre ces lectures ardues sans les abandonner. J'étais aussi venu avec ces livres sans connaître les lectures ou les centres d'intérêt de mon ami. J'avais découvert qu'il s'intéressait aux machines agricoles, notamment aux moissonneuses-batteuses. Il avait plusieurs magazines qui exhibaient les différents types. Il m'a montré les différentes marques. L'américaine John Deere réputée pour sa fiabilité et ses performances, la marque allemande Claas et son modèle Claas Dominator fantastique pour sa solidité et son allure formidable. La préférée de mon ami était la Massey Ferguson, marque canadienne réputée en France pour ses équipements polyvalents. J'ai fait semblant d'être intéressé, j'ai posé quelques questions naïves, et j'ai pensé décidément que nos chemins s'étaient bien séparés.

Ces vacances étaient la première occasion pour moi de découvrir le milieu des riches agriculteurs français. Un dimanche, la famille Vanderpotten a été invitée à déjeuner chez une grande famille d'agriculteurs du coin. Je devais les accompagner. Nous sommes arrivés dans une grande ferme, toute la famille vivant dans la même maison, parents, grands-parents, enfants et petits-enfants.

Une grande table était mise. J'étais assis au bout de la table à côté de Frédéric. Les petits plats dans les grands. L'apéritif était servi au kir royal. Puis l'entrée de grands plats de langoustines à la mayonnaise m'avait laissé interdit, ne sachant pas comment les manger. J'ai regardé Frédéric et tout en l'imitant découvrais cette chair incroyable. Entre les entrées et le plat principal, j'assistais au rituel du trou normand. L'ambiance de ce grand déjeuner qui avait duré quatre heures était joyeuse et bruyante sous l'effet du vin et de l'eau-de-vie. Personne n'a pu prononcer mon nom. J'étais resté à l'écart, observant avec curiosité les personnages de la riche paysannerie. Nous ne nous sommes jamais revus après ces vacances, mais je garde un souvenir ému de Frédéric Vanderpotten et de sa famille.

Après ces vacances d'août 1977, j'étais revenu dans mon milieu de petits-bourgeois baba cool anarchisants de Lésigny et j'ai repris mes rencontres quotidiennes avec les frères Cardoso et toute la bande. De mon côté, je leur ai fait découvrir la culture kabyle, la musique d'Idir et de Djamel Allam et le sort des immigrés. Avec eux, je n'avais pas honte de mes origines. Je les ai fait venir chez moi et leur ai présenté mes parents. Je leur avais raconté le sort des émigrés exilés qui partaient et abandonnaient toute leur famille et leur passé. Je leur ai aussi présenté un certain M. Madjik, avec qui ils ont tout de suite sympathisé.

Les « imjahen » souffrent de leurs blessures

Mon père avait fait la connaissance à Lésigny en 1974 de Akli, qui s'était laissé se faire appeler Madjik, et que nous appelions M. Madjik. Il avait occupé un emploi de serveur dans une compagnie maritime, ce qui lui avait valu de conserver ce surnom toute sa vie. Un véritable écorché vif. Petit, bagarreur mais avec un cœur d'or, se déplaçant toujours à mobylette, il travaillait à la Compagnie des eaux. Il louait une petite chambre à l'étage au-dessus du bar-tabac du vieux village. En dehors du travail, il passait beaucoup de temps à boire de la bière au comptoir du café et à se saouler jusqu'à oublier qui il était et d'où il venait. C'est le point commun des « *imjahen* », comme le chantait le maître de la chanson kabyle des années 1950-1970, Slimane Azem, exilé, considéré comme harki et interdit de retour en Algérie. Il chantait comme nul autre la douleur féroce de l'exil. Je me souviens de l'état de tristesse profonde et de mélancolie dans lequel le mettaient les chansons de Slimane Azem ou d'Aït Menguellet. Je pouvais voir à travers l'histoire de M. Madjik le mal-être de ces émigrés-*imjahen*[5] qui rappelle ce que mon oncle paternel avait vécu lors de son exil en Lorraine.

Les chansons de Slimane Azem contaient le désespoir de l'exil et l'abandon dans l'alcool. Une chanson en français, *Encore à boire à Madame*, raconte le désespoir de l'immigré qui reçoit une lettre de son beau-père exigeant un envoi immédiat d'un mandat pour faire face aux besoins de sa famille. Il plonge dans le désespoir et se noie dans l'alcool pour oublier. La serveuse refuse de lui servir davantage de vin. Il insiste en racontant son histoire dans ses vers chantés en kabyle. Le thème de l'exil était très présent dans les chansons populaires algériennes – le *chaâbi* – arabophones ou kabyles. Une chanson de Lounis Aït Menguellet, l'icône adorée et adulée dans toute la Kabylie et sa diaspora, à la hauteur d'un Brel ou d'un Brassens en France, raconte aussi le dialogue impossible entre l'émigré exilé et la famille restée au pays. La chanson *Luzine Sakham*[6] (de l'usine à la maison) est une sorte de ballade en plusieurs chapitres, avec des rythmes différents selon les protagonistes de ce dialogue… de sourds. Le refrain répétait « *du travail de l'usine à la maison, nous ne voyons pas la lumière...* », en réponse à la lettre de la famille. Les deux parties exagèrent leur situation désespérée, l'une pour obtenir davantage d'argent, l'autre présentant sa situation économique ne laissant place à aucun loisir, en raison d'un travail permanent mal rémunéré. Un dialogue impossible. La deuxième partie de la chanson, un dialogue entre un émigré, ami du fils exilé, et la vieille mère de ce dernier, dit ceci :

L'exilé 2 (donnant des nouvelles du fils) :

De l'usine à la maison,
Nous ne voyons pas le jour ;
Cela fait longtemps que nous
Ne nous sommes pas salués
Ses nouvelles seraient réjouissantes,
Il s'occupe de ses affaires ;
Le travail nous préoccupe
Et nous empêche de nous voir ;
Ainsi est le labeur pour la survie
Qui nous vieillit avant terme
En attendant de vaincre cette vie,
Elle se jouera de nous à sa guise.
[...]

La vieille :

> [...]
> J'ai peur que la vérité me blesse.
> Toi qui viens de loin, je t'en prie,
> Ne me cache pas la vérité ;
> Dis-moi ce qui est arrivé :
> Où as-tu laissé mon fils ?

Mon père avait pris M. Madjik sous son aile. Lorsque ce dernier était sobre, il venait partager le couscous du dimanche avec nous. C'étaient ses moments de retour à la vie après le désert affectif dans lequel l'exil, le remords et le regret le plongeaient. Il était sans cesse tourmenté par une immense culpabilité vis-à-vis de son épouse et de sa fille qu'il n'avait jamais vue grandir. Nous l'aimions profondément et nous formions sa famille de cœur. Il était l'aîné de sa famille et son père, comme le faisaient la plupart des chefs de famille dans cette Kabylie dense et pauvre, l'avait envoyé en France. Mon père, de nature altruiste – faire le bien pour que Dieu vous le rende, et *gardez cela secrètement pour vous* ! nous prévenait-il – avait décidé de lui faire reprendre contact avec sa famille, sa femme, sa fille, ses frères et ses sœurs qu'il n'avait jamais revus depuis son départ, vingt ans auparavant.

Après discussions, conseils, injonctions, insistances, de mon père et de ma mère, joignant leurs efforts, M. Madjik a fini par accepter de revoir son père et ses frères. Il a appris par mon père, qui avait rendu visite à sa famille dans son village de Kabylie près de Tizi-Ouzou durant l'été 1985, soit vingt-cinq ans après le départ de M. Madjik d'Algérie, qu'il avait une fille de dix-huit ans née juste quelques mois après son départ pour la France. Le village de la famille est celui dont parlait Mouloud Feraoun dans son roman *Les chemins qui montent*. Mon père avait donc organisé le retour aux sources, à sa famille, à son village, de M. Madjik. Le sien était tellement heureux d'apprendre que son fils était bien vivant et qu'il se portait bien, avait un travail et était l'ami de mon père. Il avait promis qu'il l'accueillerait sans reproches ni questions. La seule chose qui comptait était de revoir son fils. M. Madjik leur avait rendu visite pour quelques semaines, s'était occupé de faire venir sa sœur en France pour faire soigner ses brûlures sur le visage et le corps. M. Madjik est mort quelques années plus tard, le 28 août 1992, à l'âge de quarante-cinq ans, d'un cancer foudroyant. L'*amjah* ne connaît pas la rédemption.

Les permanences anti-expulsion

Les années passées en compagnie de M. Madjik m'ont peu à peu sensibilisé au sort des immigrés. Et le contexte des années 1974-1978 sous les différents gouvernements Giscard a réveillé en moi un sentiment de révolte face au sort réservé aux travailleurs immigrés, à la fois dans les discours de plus en plus agressifs et surtout à cause de la multiplication des expulsions après l'arrêt de l'immigration en juillet 1974 par les lois Bonnet-Stoléru du gouvernement de Raymond Barre. Les rubriques « faits divers » des médias rapportaient alors de nombreux cas de ratonnades visant des immigrés maghrébins. C'était aussi la période de la sortie du film d'Yves Boisset en 1975, *Dupont Lajoie*, qui dénonçait le racisme ordinaire dans cette France des débuts de la crise économique, communément attribuée au premier choc pétrolier de 1973. Dans ce film, le cafetier Lajoie, en vacances, agresse et tue une jeune femme et impute le meurtre à des jeunes travailleurs immigrés algériens logés dans les baraquements d'un chantier dans lequel lui et ses amis déplacent le corps de la jeune fille. Une ratonnade est organisée par les occupants du camping sous la conduite de Lajoie, des jeunes immigrés sont massacrés par le commando et un jeune Algérien est tué et accusé du meurtre maquillé en crime d'honneur. Le policier qui a décelé le complot raciste est dessaisi de l'enquête et les assassins du camping sont relaxés.

Je suis vraiment né politiquement dans la rencontre avec les « permanences anti-expulsion », mouvement « associatif » de défense des droits des travailleurs immigrés contre les expulsions accélérées. La suspension de l'immigration de travail par le gouvernement s'est poursuivie jusqu'en 1977.

À la sortie du lycée, des militants des permanences anti-expulsion venaient tracter contre l'agression d'un « jeune d'origine immigrée » dans le centre commercial de Boissy-Saint-Léger, pas loin du lycée Guillaume Budé. En apprenant ce qui s'était passé, je me suis adressé immédiatement à Bernadette Hétier, la mère de mon amie Béatrice. Nous étions dans la même classe de troisième au collège de Lésigny. Bernadette était traductrice-interprète à l'Unesco. À mes yeux, ce qui était encore plus impressionnant était son engagement à la direction du MRAP[7]. Ouverte à la souffrance des autres, et foncièrement antiraciste, elle accueillait de nombreux réfugiés chez elle et les logeait durant des mois. Certains jeunes venaient d'Amérique latine, d'autres d'Afrique. Béatrice, mon amie, et Bruno son petit frère vivaient avec ces jeunes au

Parc de Lésigny comme s'ils étaient frères et sœurs. Ils ont alors fait partie de notre bande de copains à leur tour. J'ai donc fait appel à Bernadette pour mobiliser le MRAP contre cet acte raciste.

Les « permanences anti-expulsions » et le MRAP avaient, ensemble, appelé à une marche à Boissy-Saint-Léger pour protester contre cette agression et l'ambiance générale anti-immigrés que les lois Bonnet-Stoléru avaient installée. Bernadette, quelques jeunes du lycée et moi-même en tête de cortège scandions « non au racisme, Français-Immigrés égalité des droits ». C'est ainsi que j'ai commencé à militer dans ces permanences en accompagnant des immigrés – logés dans le foyer Sonacotra de Boissy-Saint-Léger – à la préfecture pour le renouvellement de leurs cartes de séjour. J'écrivais leurs courriers administratifs, mais parfois aussi des lettres à leurs familles restées au pays. Ils me donnaient l'ensemble du message en arabe ou en kabyle et je transcrivais dans une lettre qui commençait toujours par « Chère famille, J'espère que cette lettre vous trouvera tous, grands et petits, en bonne santé… ». J'étais habitué à cet exercice de transcription car, après notre arrivée en France, j'avais été chargé d'écrire les lettres que mes parents me dictaient pour la famille restée en Algérie. Les immigrés du foyer avaient parfois tendance à nous prendre, les quelques militants des permanences que nous étions, pour des assistants sociaux, qui manquaient cruellement à l'époque.

Jeanine Garson ou l'érudite engagée

Je suis donc arrivé en septembre 1978 en classe de première au lycée Guillaume Budé de Limeil-Brévannes dans le Val-de-Marne après une réorientation réussie depuis la seconde T1 du lycée Édouard Branly à Melun.

Je me souviens de Jeanine Garson, professeure de français, agrégée de grec moderne, toute menue, brune, portant des lunettes, une démarche un peu lourde, soulevant un cartable trop grand et trop lourd pour elle. Elle m'a apporté toute la culture dont je manquais. Elle était issue d'une famille juive algérienne, qui avait dû partir en France à la fin de la guerre d'Algérie. Elle était passionnée et tellement soucieuse de la transmission du savoir à ses élèves, tellement exigeante envers elle-même et envers les autres. Je l'ai rencontrée en m'inscrivant au club théâtre du lycée, qu'elle dirigeait. Elle était secondée dans cette tâche par Michel Fournier, animateur du lycée, Québécois ayant choisi de vivre à

Paris, cultivé, proche des élèves. Il a aussi joué un rôle fondamental dans ma formation intellectuelle et dans l'acquisition de la culture : lire *Le Monde*, aimer le cinéma et le théâtre.

Elle m'avait présenté plus tard sa famille et son frère Jean-Pierre, économiste spécialiste du marché du travail et des migrations internationales, qui a joué un rôle déterminant dans le choix de mon orientation en sciences économiques à Paris 1 Panthéon-Sorbonne. Comme moi, ils venaient d'Algérie, qu'ils aimaient profondément, mais avaient dû s'adapter au climat froid et pluvieux du Pas-de-Calais, où leur famille avait été déplacée après être arrivée en France, à Argenteuil.

J'avais suivi volontairement le cours de français que donnait Jeanine aux élèves de terminale littéraires alors que j'étais en première scientifique. Je me souviens de ses cours passionnés sur le surréalisme et sur les écrivains qui n'écrivent pas dans leur langue maternelle, qui ont développé un « coefficient d'extraterritorialité linguistique » élevé. Au lycée Guillaume Budé, nous étions une poignée d'élèves à tout faire : club théâtre, club cinéma, journal du lycée, direction de mouvements de grève contre la réforme menée par Christian

Beullac, ministre de l'Éducation nationale sous Giscard d'Estaing (1974-1981), qui avait introduit au lycée des filières spécifiques (notamment scientifique, littéraire, économique et sociale). Sans trop y comprendre grand-chose, nous dénoncions déjà le risque d'une segmentation trop forte entre les filières, accentuant les inégalités scolaires.

Je passais alors mon temps avec mon nouvel ami Éric Couture, que j'avais connu par l'intermédiaire des frères Cardoso. Il suivait le parcours lettres du lycée tandis que moi j'avais décidé de quitter la filière scientifique, pour choisir directement la classe de terminale B, sciences économiques et sociales, encore dans l'illusion de retourner en Algérie aider à son développement. Plus j'avançais dans mon apprentissage, plus mon projet s'affinait et moins je voulais continuer à m'encombrer des cours de physique-chimie. Les mathématiques en revanche continuaient à me passionner.

La découverte du club théâtre, animé par Jeanine Garson, a été une véritable bénédiction. Nous avions d'abord joué *Tango*, une pièce de Slawomir Mrożeck, écrite en 1966. La pièce illustrait la prise de pouvoir par le stalinisme. Mrożeck, qui fut d'abord stalinien, est devenu un artiste critique du régime. Comme dans un vaudeville, ce théâtre de l'absurde réunissait un couple d'intellectuels anarchistes, à qui leur fils Arthur, joué par mon ami Éric, reprochait leur décadence. Arthur est lui à la recherche de l'ordre et d'un mariage digne de ce nom. C'est finalement le valet, Edeck le rustaud, qui prend le pouvoir. Je jouais le rôle du valet. Le jour de la première, j'ai été pris de panique. Je ne voulais pas prononcer la tirade que mon personnage, grossier, devait dire : « Laisse pisser le mérinos. » Cela me paraissait vulgaire. Je me souviens encore de la colère dans laquelle Jeanine était entrée : « Écoutez, ce n'est pas de vous qu'il s'agit mais d'un personnage de théâtre. Il faudrait peut-être arrêter votre narcissisme. »

Ma professeure de physique avait dit à mon père, lors d'une rencontre professeurs-parents d'élèves, que je perdais mon temps au théâtre au lieu de me consacrer au travail scolaire. Mon père, furieux, m'a hurlé cette phrase : « Je ne t'ai pas amené en France pour faire le clown ! » Il s'en est fallu de peu pour que j'arrête. J'ai tout expliqué à la professeure de théâtre. Durant une répétition un samedi après-midi, elle a appelé mes parents de la cabine téléphonique à l'extérieur du lycée. Inlassablement, une heure durant, elle a tenté de les convaincre que le théâtre était parfaitement compatible avec une bonne scolarité, que cela permettait d'acquérir de la culture et de l'aisance à l'oral, qualités nécessaires pour les examens oraux. Elle comprenait leur inquiétude, elle qui venait d'Algérie, et dont les parents avaient les mêmes exigences que celles de mes parents. Elle avait patiemment trouvé les bons arguments pour rassurer mes parents et me permettre de continuer. Nous n'avons jamais évoqué cet épisode ensemble par la suite. Je la revoyais régulièrement, nous habitions le même quartier à Daumesnil dans le 12ᵉ. Elle m'en a parlé une seule fois, dans une longue lettre qu'elle m'a écrite presque vingt ans après ces années de théâtre au lycée G. Budé, datée du 3 novembre 1999, juste après qu'elle a appris la mort de mon oncle Tahar assassiné sauvagement à Paris à l'âge de quarante-deux ans. Pour me consoler de cette douleur atroce, elle m'a raconté l'histoire de son oncle Charly, mort en Algérie à Palikao à l'âge de vingt ans d'un sarcome, après trois années de souffrance. Elle décrivait combien elle avait été bouleversée par cette mort : « J'ai été bouleversée par les cris de ma grand-mère, de ma mère, de mes tantes… Le lendemain je me suis sauvée pour ne pas assister à l'enterrement. Ma mère m'a cherchée partout… Il faut dire que j'avais neuf ans, et que j'adorais mon oncle qui me le rendait bien ; c'était l'intellectuel de la famille, passionné de littérature, fou de poésie. C'est par lui que j'ai découvert Baudelaire... Mon cher Mouhoub, je ne sais pas pourquoi je te raconte tout cela alors que je ne l'ai raconté à personne, ou plutôt si, je te connais depuis toujours. Je n'ai aucun souvenir de cours ; pourtant il me semble que nous avons dû faire du français ensemble. » C'était sa manière élégante de me rappeler qu'elle avait été ma professeure de français en terminale (cours optionnel que j'avais choisi de suivre). Elle a ajouté ensuite cette phrase qui me fait encore pleurer : « Seuls restent vivaces dans ma mémoire les samedis après-midi où nous faisions du théâtre (temps béni !) et où à 17 heures, j'allais à la cabine téléphonique appeler ton père pour lui dire que tu étais bien au lycée avec nous, sous la garde de Michel et de moi (pour les répétitions de théâtre). Ça a été, sans conteste, le plus beau moment de ma vie de professeur. »

L'année suivante, celle de la terminale, nous avons joué *Home* de David Storey, pièce adaptée par Marguerite Duras sur l'univers de la folie. Nous avions eu la chance de la jouer au lycée mais aussi de la donner un peu partout, notamment à la clinique de La Borde, à Cour-Cheverny, où nous avions séjourné cinq ou six jours et donné la pièce devant les patients et les soignants de la clinique. Nous avons été accueillis par Félix Guattari lui-même, avec l'équipe de soignants. Lorsque nous sommes entrés dans la salle à manger, où Guattari et son équipe étaient en train de dîner, une psychiatre, Madeleine, d'une quarantaine d'années, s'est soudain dirigée vers moi et m'a dit : « Nous nous connaissons, nous nous sommes vus dans les années 1960… » Je lui ai répondu qu'à cette période j'étais un gamin et que je vivais dans un autre pays. Vexée, elle m'a demandé ce que je faisais le lendemain et m'a proposé de la rejoindre à la salle de soins où elle allait pratiquer un électrochoc sur un patient. J'ai été très surpris d'entendre parler d'électrochoc dans cette clinique de La Borde réputée pour ses méthodes inspirées de l'antipsychiatrie. Grâce à ce qui était appelé les « Dix pour cent », c'est-à-dire deux ou trois jours consacrés chaque année à tout autre chose qu'aux programmes de la classe[8], j'avais découvert ce courant de la psychiatrie, à travers les psychiatres américains Cooper, Laing et Esterson, et l'expérience italienne des années 1970 consistant à abolir l'hôpital psychiatrique et libérer les « fous » (le slogan était alors « la liberté est thérapeutique ») pour les soigner en les réintégrant dans la société.

Le lendemain, je me suis rendu à la salle indiquée. Émile, le patient, était un jeune homme très grand et costaud. La psychiatre m'a alors expliqué qu'Émile souffrait de mélancolie et que ses tendances suicidaires ne pouvaient être soignées que par les électrochocs. Je me suis presque évanoui quand j'ai observé Émile souffler comme un buffle et trembler de tout son corps. L'électrochoc devait provoquer chez Émile un état d'épilepsie pour engendrer l'amnésie et effacer momentanément ses troubles mélancoliques et suicidaires, m'a-t-elle expliqué fièrement, un sourire moqueur aux lèvres. Il m'avait semblé qu'elle cherchait à se venger de l'offense de la veille. Elle m'a fait remarquer fièrement, lorsque j'ai repris mes esprits, que je n'étais pas aussi fort que je pouvais le croire. Mon trouble s'est poursuivi les jours qui ont suivi où nous continuions de jouer cette pièce qui traite de la folie et de l'enfermement dans une clinique psychiatrique. En 2012, plus de quarante ans après, lorsque le roman *La Petite Borde* d'Emmanuelle Guattari, la fille de Félix Guattari, a été publié, je me suis empressé de le lire.

La présentation de la pièce au festival de Sarlat a été pour nous l'apothéose de notre succès. Mais malgré la tentation, le théâtre n'était pas pour moi. En fin de terminale, la force de rappel du mandat reçu de mon père était trop forte, et je me suis dirigé vers l'université de Paris 1 Panthéon-Sorbonne pour commencer mes études d'économie.

En tant que fils d'immigré, il était inscrit dans mes impératifs de projection future que mon orientation scolaire devait passer par des disciplines offrant une certaine légitimité. Lorsque j'ai obtenu mon bac, j'avais timidement évoqué, lors d'un de nos dîners familiaux, l'idée de m'inscrire en psychologie, sans grande conviction. Le lendemain, mon père, qui s'était renseigné auprès des ingénieurs du CEA qu'il transportait chaque jour dans son autocar de la société Auxiettes, où il travaillait depuis la fin des années 1970, m'a donné une réponse sans appel : « La psychologie, c'est une voie de garage ! »

Le charme indiscret de la bourgeoisie

À Lésigny, j'ai pu rencontrer quelques représentants d'un milieu très précis : la petite bourgeoisie intellectuelle, d'un côté ; mais aussi la bourgeoisie d'affaires. Un ami m'a présenté Natasha, très jolie fille aux cheveux blonds fins et longs.

Natasha m'avait invité à déjeuner chez elle un dimanche midi. Je mettais les pieds pour la première fois dans un immeuble haussmannien de grand standing d'une des rues célèbres du 5e arrondissement, la rue Clovis, à quelques pas du Panthéon. Pénétrant dans l'appartement cossu, j'ai salué les parents et les frères de Natasha, qui m'a vite invité à la rejoindre dans sa chambre. Les deux frères étaient du même âge que moi. Aucun ne m'avait adressé la parole, sinon des regards empreints d'interrogation et de mépris à la vue de ma tenue. Les deux garçons étaient en costume, chemise blanche et cravate. Seul avec Natasha dans sa chambre, j'admirais sa nuque magnifique sous le chignon des cheveux blonds, et son sourire à rendre fou amoureux l'adolescent sentimental et amateur de poésie que j'étais. L'heure du déjeuner avait sonné. Le père, général de l'armée, installé à table en face de son épouse, a appelé les enfants : les deux frères, assis de chaque côté de la table. On m'a proposé la place à côté de la mère, à sa droite, et à gauche de Natasha. Gêné et timide à l'idée d'être encadré ainsi par deux femmes, j'ai tout de même obéi poliment. Je suis resté sans comprendre pourquoi on ne m'avait pas placé de l'autre côté de la table avec les garçons et le père, comme cela se faisait dans ma famille et même dans des familles françaises des classes populaires. La conversation a commencé sous forme de questions que le père m'adressait sans relâche, l'une après l'autre.

« Comment vous appelez-vous ?
– Mouhoub.
– Comment ? Mouloud ?
– Mouhoub, avec un h et non Mouloud.
– Ce n'est pas très commun et ça ne doit pas être facile à porter tous les jours », a-t-il ajouté avec moquerie. Il s'est mis à ricaner davantage lorsqu'il m'a demandé quel était mon nom de famille. « Décidément, vos parents ne vous ont pas rendu service. » Personne autour de la table n'osait interrompre cet interrogatoire. Le général avait le monopole absolu de la parole que toutes et tous devaient écouter, ou feindre d'écouter, religieusement.

« Natasha nous a dit que vous étiez d'Algérie.
– Oui, monsieur, c'est exact.
– Mais d'où exactement en Algérie ? »
Le père semblait connaître mon pays natal. Nous étions en 1979 et l'Algérie n'était indépendante que depuis dix-sept ans.
« De Kabylie, monsieur.
– Ah j'en étais sûr ! »
Je devinai alors la tonalité de la suite du discours. On me l'avait déjà souvent servi depuis mon arrivée en France.
« Les Kabyles, ce n'est pas pareil.

– Pas pareil par rapport à quoi ?
– Pas pareil que les Arabes. Plus intelligents, plus civilisés, des presque chrétiens, quoi ! »

Son épouse donnait l'air de l'écouter religieusement, feignant l'admiration de son savant de mari... Seule Natasha devinait dans le regard mi-furieux mi-moqueur qui perçait de mes yeux ce qui allait suivre. J'ai pris mon courage à deux mains pour me lancer dans une tirade : « Je suis d'origine kabyle mais je suis musulman et j'appartiens à une caste maraboutique. Je suis issu d'une tribu qui vient du Maroc et qui a islamisé la Kabylie. Nous pensons que le Coran et le Verbe sont notre atout ; nous arbitrons les conflits des villages kabyles non maraboutiques, en échange d'un travail gratuit que ces derniers nous doivent. Ils enterrent nos morts, et font bien d'autres tâches collectives pour notre village... Je n'approuve pas, évidemment, cette décomposition en castes. Mais chercher à hiérarchiser Kabyles et Arabes est erroné dans un pays comme l'Algérie où les mélanges n'ont jamais cessé. Vous suivez là les premiers textes d'anthropologie sur l'Algérie, écrits juste après la colonisation par des militaires et des missionnaires[9]. Ces derniers pensaient, après avoir observé quelques villages composés de femmes, d'enfants et d'hommes parfois blonds aux yeux bleus, que ces Kabyles à qui on peut tout imposer, adaptables et corvéables à merci, feraient forcément de très bons chrétiens[10]. » J'ai vite compris que mes arguments avaient fait mouche. Il connaissait mal ces détails de la vie sociale et institutionnelle kabyle. Soudain, il m'est venu à l'esprit une idée glaçante. Ce général en face de moi, âgé d'une cinquantaine d'années et qui devait donc avoir trente ans en 1960, avait certainement fait la guerre d'Algérie. Je n'ai pas osé lui poser la question ni en parler plus tard avec sa fille.

J'ai observé attentivement durant ce déjeuner les rituels de cette famille bourgeoise que je découvrais pour la première fois. Les fils en cravate un dimanche midi, une bonne dressant le couvert et servant la famille à table. J'ai été très étonné par le contraste entre tout le soin, le protocole du service et l'usage de l'argenterie, et le contenu du menu fait de carottes râpées en entrée et d'un poulet rôti purée en plat principal. « Tout ça pour ça », ai-je pensé. Dans ma famille, quand on recevait, on mettait réellement les petits plats dans les grands et la table était remplie de victuailles nombreuses. Ma mère, cuisinière hors pair, ne cessait de resservir tous les invités qui passaient à sa table. Ici, carottes râpées, poulet rôti et vaisselle argentée, un nombre impressionnant de couverts, des verres de cristal, et une bonne pour servir et desservir la table.

Les carottes râpées étaient servies par la bonne. Et c'est au moment du plat principal, le poulet rôti qu'il avait le privilège de découper, que le général m'a passé le plat, me faisant signe de me servir. J'ai pris la cuillère et la fourchette pour attraper un petit morceau de poulet, sans choisir, le blanc ou la cuisse, me contentant de prendre ce qui se présentait devant moi, comme mon éducation m'avait appris à le faire. Ignorant les codes de bienséance de la culture occidentale, je n'ai fait qu'obéir à l'invitation du chef de famille. Le général de la rue Clovis prenait sa revanche, bombant le torse, cherchant visiblement à donner une leçon devant ses femmes à cet indigène arrogant qui non content de fréquenter sa fille l'avait mouché. Il m'a simplement fait remarquer : « Sachez, mon jeune ami, que chez nous, ce sont les femmes qui sont les premières servies ; c'est ce que l'on appelle la galanterie ; personne n'est autorisé à commencer à manger avant que la maîtresse de maison n'ait donné le signal en commençant elle-même à lever sa fourchette vers la bouche. » J'allais lui répondre : « Mais c'est vous qui m'avez demandé de me servir. » Au lieu de cela je suis resté interdit, abasourdi, honteux. Je revois encore le sourire de la maîtresse de maison, sourire teint d'une forme de complicité forcée avec son mari, et j'observais le désarroi de Natasha qui s'est contentée de baisser les yeux sur son assiette. La brutalité de cet échange et de cette remontrance provoquée et presque organisée m'avait atteint. Mais je me souviens aussi d'avoir décidé que, désormais, plus aucun code de la société française ne m'échapperait.

Les Francas et les colonies de vacances

Le travail tenait une grande place dans notre éducation. Il fallait se débrouiller pour ne pas peser sur le revenu de mon père qui restait, en dépit de tous ses efforts, limité. Dès l'âge de dix-sept ans, j'avais passé les stages de formation d'animateur pour gagner un peu d'argent. J'avais été formé notamment pendant une semaine par un organisme issu des mouvements de la Résistance, les Francs et Franches Camarades, qu'on appelait aussi les « Francas ». Ces mouvements associatifs qui ont émergé après la Libération ont joué un rôle important dans l'histoire politique et sociale de la France. Dans la période de reconstruction, les besoins d'une main-d'œuvre qualifiée et d'éducation populaire ont été accompagnés par la création de ce type d'organismes laïques. Les FFC, proches du Parti communiste français, ont été fondés en 1948 par Pierre Turpin, un militant associatif engagé dans la promotion de l'éducation populaire et de l'animation socioculturelle. C'est à cette occasion que j'avais entendu parler de laïcité ou de pédagogie alternative, de Jean Piaget, des époux Freinet. Une autre mise en rapport étroit avec la politique. Mon stage pratique, je l'avais fait durant les vacances de Pâques, dans une colonie de vacances de la ville du Blanc-Mesnil. L'appareil d'encadrement de la colonie de vacances était lié au Parti communiste. Dans les soirées de veillée de préparation du programme du lendemain, on poursuivait l'apprentissage de la politique d'éducation progressiste. Quelques mois après, j'ai effectué le stage de perfectionnement théorique avec les CEMEA (Centres d'entraînement aux méthodes d'éducation active), une organisation proche du Parti socialiste.

Je gagnais alors mon argent de poche et de quoi m'acheter des vêtements et des livres grâce à mes activités d'animateur. J'ai par la suite passé le BAFD, diplôme de directeur de centre aéré et de colonie de vacances. Les formations théoriques et pratiques m'ont appris la délibération collective dans les prises de décision. J'ai donc su comment diriger et animer des collectifs de travail. C'est aussi grâce à ce travail que j'ai eu la chance d'accéder à des activités sportives que mes faibles revenus ne me permettaient pas de réaliser, comme la voile, le kayak, le ski, le golf et d'autres sports onéreux. Ces activités d'animation dans les œuvres sociales ont, je le crois, énormément contribué à mon éveil politique et à ma compréhension de la société française.

Mes sœurs, puis mes cousins et cousines arrivés en France au milieu des années 1970, ont suivi cette voie pour gagner de l'argent tout en effectuant une activité intéressante, celle d'animateur de centre aéré. Nous étions nombreux issus de l'immigration à avoir été structurés par cette activité très liée à la présence forte des communistes dans les villes ouvrières de Seine-Saint-Denis ou du Val-de-Marne.

C'est dans ce cadre que j'ai fait la connaissance d'Amar et Mohamed, qui habitaient à Valenton près de Villeneuve-Saint-Georges, où mes parents avaient décidé de s'installer lorsque nous avions atteint l'âge de l'université. Ils avaient acheté un appartement dans une résidence de Valenton, le Paillis. Avec mon entrée en septembre 1980 à l'université de Paris 1 comme étudiant en économie, ils ont pensé que pour mes sœurs comme pour moi l'accès aux transports collectifs était indispensable pour rester logés à la maison. En réalité, j'avais demandé une chambre à la cité universitaire de Nanterre, que j'avais obtenue en tant qu'étudiant boursier.

La famille d'Amar, arrivée en France à la fin des années 1950, avait vécu dans le bidonville de Nanterre avant de déménager à la cité des Polognes, pas loin de la résidence du Paillis où mes parents s'étaient installés durant l'été 1981. Amar est aussi arrivé en France à l'âge de huit ou dix ans. Pour la famille d'Amar, comme pour beaucoup de familles immigrées passées par ces bidonvilles, la cité HLM représentait le plus grand luxe qu'ils aient jamais pu imaginer un jour connaître. Je me souviens de sa description minutieuse de leur première salle de bains avec une vraie baignoire et de l'eau chaude, sans parler du nombre de chambres qui permettaient aux garçons et aux filles de dormir dans des chambres séparées au lieu de l'entassement les uns sur les autres dans la seule pièce du bidonville de Nanterre.

J'avais été embauché au centre aéré du Bord de l'Eau à Villeneuve-le-Roi, dans le Val-de-Marne, que dirigeait Amar. Avec Mohamed, lui issu d'une famille marocaine, arrivé à l'âge de cinq ou six ans en France, j'avais dirigé en tant qu'adjoint une colonie de vacances du comité d'entreprise de la CPAM à Réquista, dans le sud-ouest de la France, en 1983. Nous sommes vite devenus amis. Eux étaient inséparables, mes aînés de cinq à huit ans. Politisés, ils avaient eu la possibilité de suivre des études de sociologie sans le baccalauréat à Vincennes Paris 8 devenue Paris 8 Saint-Denis. Nous avions des discussions politiques interminables. Eux aussi avaient connu un processus de socialisation par les organisations culturelles et sociales des municipalités communistes. Ils sont représentatifs de la deuxième génération d'immigrés des années 1960-1970 politisés à gauche et proches du PCF.

Mohamed et Amar sont restés mes amis, même si nos trajectoires respectives ne nous ont pas donné beaucoup d'occasions de nous revoir. Lors des émeutes dans les banlieues françaises consécutives à la mort à Clichy-sous-Bois de deux adolescents, Zyed Benna et Bouna Traoré, le 27 octobre 2005, électrocutés dans l'enceinte d'un poste électrique alors qu'ils cherchaient à échapper à un contrôle de police. Ces émeutes ont constitué pour moi une prise de conscience sur l'absence de liens entre notre génération qui a grandi dans les années 1960-1970 et celle des jeunes Français d'origine maghrébine et d'Afrique subsaharienne nés dans les années 1990. J'ai été attristé de ne pouvoir rien faire et d'observer de loin l'injustice et les discriminations que ces jeunes semblaient subir. Mon désarroi était grand. J'en ai bien sûr parlé avec mon ami Stéphane Beaud, dont le livre écrit avec Michel Pialoux, *Violences sociales violences urbaines, genèse des nouvelles classes dangereuses*[11], publié deux années auparavant, apportait pourtant des éclairages à ces émeutes urbaines. Il montrait comment à Sochaux-Montbéliard, où étaient localisées les usines automobile Peugeot, durant les périodes de dynamisme du marché du travail et de croissance (les trois années de croissance de la période Rocard de 1989 à 1991), les jeunes ont quitté les cités grâce à l'emploi en intérim dans l'automobile et ont commencé à bénéficier d'une véritable insertion sociale. La récession qui a suivi et la hausse du chômage les ont frappés en premier. Retour à la case départ. Mais cela ne pouvait satisfaire ma frustration face au drame de ces jeunes. J'ai eu besoin de partager cela avec Mohamed et Amar en organisant un dîner alors que je ne les voyais plus depuis longtemps. Je me suis aperçu qu'eux-mêmes, qui pourtant vivaient en banlieue parisienne, se sentaient totalement coupés de cette génération de jeunes Français descendants d'immigrés. Nous avons refait le monde sans trouver de solutions et sommes repartis chacun dans notre monde dès le lendemain.

Dodo et le vote des pouvoirs spéciaux

Le 17 août 2020, France Culture diffuse une de ses « grandes traversées » consacrée à Frantz Fanon. J'écoute avec intérêt et une certaine inquiétude. Les choses se remettent en place. La violence coloniale et celle du colonisé. La symétrie des violences. La libération par la violence du colonisé de la violence radicale du colon. L'intellectuel qui ne peut être que celui-là, celui qui lutte pour la cause commune. J'ai été exposé aux idées anticoloniales par la découverte de la guerre d'Algérie et de la colonisation à l'âge de quatorze ou quinze ans, lorsque mon père m'avait rapporté, un jour de mai 1975, un numéro d'*Historia* consacré à cette guerre. J'ai pris alors conscience que j'allais vivre et grandir dans le pays que j'allais aimer alors qu'il avait colonisé et martyrisé celui dont je venais. C'est en lisant ce magazine de droite, dont je me souviens encore de la photographie de la page de couverture – des militaires français mitraillette au poing chassant le « Fellagha » dans les maquis de Kabylie – que j'avais découvert, avec douleur, cette histoire dont j'étais encore inconscient.

Pourtant, durant mes années d'école en Algérie, nous chantions tous les matins en chœur la Libération nationale. Le cinéma m'avait aussi imbibé de films qui décrivaient la souffrance du peuple algérien. Quelques jours plus tard, j'apprenais que le film de Mohammed Lakhdar-Hamina, *Chroniques des années de braise*, venait d'obtenir la palme d'or à Cannes. J'ai pu le voir au cinéma à sa sortie à Paris en juillet 1975. J'ai été frappé par le réalisme du film, les nombreux personnages qui traversent les différentes étapes de la guerre, et je crois même me souvenir que le réalisateur avait introduit des images d'archives montrant des combats et la vie dans les montagnes. C'était la première fois que je prenais vraiment conscience de la lutte du peuple algérien pour son indépendance, de la formation du sentiment d'identité nationale et de la quête de liberté à travers des personnages de cinéma qui semblaient si réels. Durant les quatre années que j'ai passées à Alger de 1966 à la fin 1970, nous étions pourtant bien imprégnés de chants, d'hymnes et de discours vantant l'indépendance victorieuse. Dans mon souvenir, les martyrs y étaient montrés comme de véritables héros, et la toute-puissance algérienne dans cette Algérie libérée et dirigée par le président Boumédiène ne laissait pas de place à la misère, à la souffrance, à l'humiliation de la domination coloniale et des exactions commises par l'armée française. Je n'ai gardé que le souvenir de la victoire, de la fierté de l'indépendance, des visites des chefs d'État comme Fidel Castro ou Brejnev vantant la révolution algérienne.

Michel Fournier, notre animateur au lycée Guillaume Budé, m'avait fait rencontrer sa vieille amie Odette, qui se faisait appeler Dodo. Une éditrice « pied-noire » dont le mari, membre du Parti communiste algérien durant la guerre d'indépendance, avait été « assassiné par les militaires français alors qu'il avait pris le maquis pour défendre la cause de l'indépendance de l'Algérie à contre-courant de la direction du Parti communiste dont il était membre ». Dodo me prit en sympathie et me raconta son histoire. Elle m'avait expliqué comment son mari Maurice Laban, membre du Parti communiste algérien, était devenu militant de la première heure de la cause de l'indépendance de l'Algérie, alors même que Maurice Thorez considérait que la question de l'indépendance de l'Algérie faisait le jeu de l'hitlérisme, et que le parti de Messali Hadj, fondateur de l'Étoile nord-africaine, devenue « Parti du peuple algérien », était comparé calomnieusement à l'organisation fasciste, le Parti du peuple français. Jean-Luc Einaudi[12], qui lui consacra un livre intitulé *Un Algérien. Maurice Laban*, écrit : « La revendication d'indépendance (que défendait Maurice Laban) était considérée par Maurice Thorez comme faisant à cette période le jeu d'Hitler et de Mussolini. Les nationalistes algériens sont assimilés à des agents du fascisme et les partis communistes français et algérien ont approuvé la dissolution du parti nationaliste algérien, l'Étoile nord-africaine, par le gouvernement Léon Blum. Un nouveau parti dirigé par Messali Hadj est bientôt né, le Parti du peuple algérien (PPA) qualifié par le Parti communiste algérien (PCA) de prolongement du Parti du peuple français créé par Jacques Doriot. » Les travaux de Benjamin Stora[13] et d'autres historiens des nationalistes algériens font la même analyse concernant les positions du Parti communiste à cette époque. Einaudi décrit comment progressivement Maurice Laban a pris fait et cause pour l'indépendance, tellement il était indigné par la misère dans laquelle les paysans algériens étaient plongés, en particulier dans les Aurès où Laban s'était installé. « À Djemaâ et M'Rayer, la grosse colonisation possède la majeure partie des palmiers et de l'eau, élément vital de ce pays ; on a exproprié sans pitié les paysans suivant des procédés divers dont le plus courant et le plus efficace est la soif. Ce procédé consiste à faire refuser par l'administration l'autorisation de forer de nouveaux puits dans les palmeraies ; les populations sont alors obligées de quitter leurs palmiers et leurs habitations pour se mettre au service des colons qui en font de véritables serfs[14] ». C'est ce genre d'injustice flagrante qui rendait Laban de plus en plus proche des indépendantistes algériens, ce qui n'était pas la ligne de la direction du PCF et du PCA[15] ».

Des procédés indignes ont été utilisés contre lui, l'accusant de « complicité avec la police », lui qui était engagé corps et âme dans le combat pour la justice et qui fut emprisonné pour ses activités de résistance auprès des mouvements d'indépendance. Tout ce que Dodo m'a raconté à propos de Maurice Laban est consigné dans cette biographie de Jean-Luc Einaudi, nourrie des lettres de son mari.

Durant les mois qui ont suivi ce 1er novembre 1954, une répression féroce s'est abattue sur toute la population algérienne, et tout particulièrement celle de Biskra. Maurice et son épouse en ont été témoins le jour du réveillon du nouvel an 1955. Il en a informé le journal *Alger Républicain* : « Une cinquantaine de parachutistes coloniaux ont provoqué de très graves incidents au casino dans la nuit du 31 décembre au 1er janvier. Ils ont pénétré dans la salle de réveillon, proférant des insultes racistes à l'adresse des Israélites et des Musulmans... », pouvait-on lire dans ce journal. Mais la direction du PCA au début de l'année 1955 confirme sa condamnation du mouvement insurrectionnel. Le PCA a toujours indiqué qu'il conçoit la perspective de notre pays dans l'édification d'une République démocratique unie à la France par des liens librement établis, dans le respect des intérêts réciproques[16]. » Maurice Laban s'insurge contre cette ligne. La position du PCA va pourtant évoluer : il décide de s'engager dans la lutte armée à partir de juin 1955 et sa dissolution par un décret du président du Conseil du 12 septembre 1955 est prononcée.

C'est aussi Dodo qui m'a fait découvrir une chose qui m'était apparue terrible et que j'ignorais, moi qui fréquentais, à travers mon activité d'animateur, les municipalités communistes et l'engagement des militants auprès des classes populaires. Le Parti communiste comme le Parti socialiste (la SFIO) avaient voté les « pouvoirs spéciaux ». Maurice Laban a condamné énergiquement ce vote, de plus en plus désorienté par la politique algérienne de la direction du PCF. Il a été assassiné le matin du 5 juin 1956 à Orléansville (Chlef) en prenant le maquis pour défendre l'Algérie indépendante face à l'armée française. Il a été tué par un soldat du 504ᵉ Train, ex-champion de France du 1 000 mètres. Mort en même temps que d'autres maquisards, et que l'aspirant Henri Maillot qui avait déserté l'armée française pour s'engager auprès des indépendantistes[17].

J'ai découvert, en consultant un ouvrage de droit constitutionnel, comment ce mécanisme législatif, souvent invoqué en période de crise, permet au gouvernement d'agir par ordonnances dans des domaines normalement réservés à la loi. J'ai appris ce que Mitterrand – je ne savais pas encore que j'allais pourtant le soutenir en 1981 avec enthousiasme – avait fait en tant que ministre de la Justice en accordant les pleins pouvoirs aux tribunaux militaires pour réprimer et parfois guillotiner les combattants algériens. En tant que ministre, il avait approuvé l'exécution d'au moins trente militants du FLN et celle du communiste Fernand Yveton. Les socialistes, alliés à des radicaux et des mitterrandistes au sein d'un Front républicain, avaient pourtant fait campagne aux élections de janvier 1956 pour « la paix en Algérie ». Pour Guy Mollet, la guerre était « imbécile et sans issue ». Mais il considérait l'indépendance comme « une solution inacceptable pour la France qui deviendrait une puissance diminuée ». En mars 1956, le gouvernement socialiste de Guy Mollet avait donc demandé au Parlement l'octroi de pouvoirs spéciaux pour mater l'insurrection indépendantiste et « faire face à la violence croissante ». L'Assemblée nationale les a approuvés à une large majorité. Tous les pouvoirs avaient été alors donnés à l'armée, qui pouvait sans jugement exécuter des Algériens suspectés d'appartenance ou de complicité avec le FLN. 70 000 réservistes avaient été rappelés. Le service militaire avait été prolongé à trente mois. En juillet 1956, les effectifs militaires avaient doublé, passant de 200 000 à 400 000 hommes. Beaucoup de jeunes Français avaient été enrôlés malgré eux. Ils devaient ainsi participer aux répressions féroces contre les populations d'Algérie, multipliant les déportations, les emprisonnements, les tortures et les massacres. Je ne pouvais comprendre la trahison du Parti socialiste et encore moins celle du Parti communiste.

L'été suivant cette rencontre avec Dodo, j'ai été recruté comme animateur par la colonie de vacances de la ville du Blanc-Mesnil à l'île d'Yeu. J'avais abordé lors d'une veillée la question avec le gérant de la colonie qui y habitait toute l'année. Claude était évidemment militant du PCF. Le soir, après le coucher des enfants, c'était l'heure de se retrouver entre la direction de la colonie et les animateurs pour faire le bilan de la journée et préparer les activités du lendemain. Ces veillées étaient l'occasion de discussions concernant la laïcité, l'éducation, l'interdiction des châtiments corporels, la vertu de mettre tous les enfants dans un même uniforme de tee-shirts et shorts rayés pour effacer les différences sociales, le fait d'inciter les enfants d'origine musulmane à manger de tout sans les forcer toutefois…

À la fin de la réunion, en aparté avec Claude, j'ai abordé l'Algérie, la guerre, et le vote des pouvoirs spéciaux. Je lui ai exprimé la manière dont j'avais été choqué en apprenant cette « trahison » du PCF. Il était entré dans une colère noire, lui qui avait milité contre la guerre d'Algérie en France, contre les massacres de la manifestation d'octobre 1961 à Paris par le préfet Papon. Nous nous sommes disputés durant deux bonnes heures. Il était réellement sincère, mes propos l'avaient affecté. À partir de cet instant, il m'a considéré comme un « ennemi de classe » jusqu'à la fin du séjour.

L'engagement de jeunesse

Mon père avait été syndiqué à la CGT lorsqu'il travaillait dans le groupe suédois de sidérurgie SKF, à Ivry-sur-Seine et à Clamart. Il nous avait toujours mis en garde contre l'adhésion à des partis politiques en raison de notre statut d'étrangers. Nous avions la hantise de l'expulsion. Mais il nous encourageait, comme ce fut le cas pour lui, à nous inscrire dans les syndicats. J'ai pris ma carte au syndicat étudiant UNEF-ID « indépendante et démocratique », tenue par des socialistes et des trotskistes, car je connaissais l'histoire de la grande UNEF (Union nationale des étudiants de France) des années 1960 et de ses engagements contre la guerre d'Algérie et pour l'indépendance de ce pays.

Pendant plusieurs mois, après mes premiers pas à la faculté d'économie de l'université Paris 1, j'avais réussi à résister aux sollicitations des militants de l'Organisation communiste internationaliste (OCI), une organisation trotskiste, qui tentaient de me recruter. Mais ma rencontre avec Emmanuel Maheu, un étudiant en médecine plus âgé et responsable du secteur de Tolbiac, a été décisive. C'est à ce moment que j'ai franchi le pas.

J'ai découvert que le responsable de la fédération étudiante était un certain Benjamin Stora, un historien reconnu, auteur d'un *Dictionnaire des nationalistes algériens*. Ce livre m'avait ouvert les yeux sur l'histoire de Messali Hadj et de l'Étoile nord-africaine, fondée en France en 1926. Ce mouvement, devenu le Parti du peuple algérien en 1937, avait porté pour la première fois l'idée d'une indépendance et d'une république démocratique et sociale en Algérie. Plus tard, une scission au sein de ce mouvement avait donné naissance au FLN, créé par de jeunes militants en rupture avec Messali Hadj et qui avaient déclenché le 1er novembre 1954 la guerre d'indépendance. Ma rencontre avec Benjamin Stora et son rôle au sein du mouvement étudiant des idées portées par ce groupe politique d'extrême gauche, dont il était alors l'une des figures principales, m'ont sensibilisé à certains arguments de cette organisation.

À force de discussions sur l'histoire du mouvement ouvrier et du socialisme antistalinien, j'avais fini par accepter de suivre les formations de quatre semaines au marxisme qu'Emmanuel animait. Je posais beaucoup de questions et il n'aimait pas trop cela, animé qu'il était du désir de convaincre. Nous n'étions pas là pour échanger mais pour recevoir une formation révolutionnaire ! Ce n'est que plus tard, lorsque nous avons quitté cette organisation, que nous avons commencé à avoir de véritables échanges que nous poursuivons encore aujourd'hui. J'ai aussi fait la connaissance de Guy, qui est devenu un ami, et qui suivait une licence d'économie comme moi. C'est à travers lui que j'ai rencontré Christine, ma future femme. Nous étions devenus tous les trois inséparables. Durant cette période de militantisme, j'avais posé des limites importantes : faire passer mon travail universitaire en priorité, ne pas faire de diffusion de tracts, me consacrer prioritairement à l'activité syndicale – rien que l'activité syndicale. Très vite je me suis rendu compte du décalage culturel avec les militants de cette organisation. J'étais féru de poésie et de théâtre. Beaucoup d'entre eux trouvaient cela secondaire, sinon absurde.

En 1983, deux années après mon adhésion à ce mouvement, j'avais décidé de le quitter. Lorsque le mouvement des Jeunes Arabes de Lyon et de sa banlieue (JALB) a appelé à la « Marche pour l'égalité et contre le racisme », j'avais demandé que l'organisation soutienne cette marche. Ce que l'on avait appelé « la marche des beurs » m'apparaissait légitime. Après des violences et des meurtres racistes contre les jeunes à qui on interdisait l'entrée dans les boîtes de nuit en raison de leur teint basané ou de leurs cheveux frisés, les jeunes s'étaient mobilisés et avaient décidé de marcher de Marseille à Paris pour exiger le droit de vote pour les immigrants non communautaires aux élections locales et une carte de séjour de dix ans pour tous les travailleurs immigrés. J'étais subjugué par le prêtre-ouvrier Christian Delorme qui avait accompagné le mouvement. Le jeune Toumi Djaïdja, qui avait créé SOS Avenir Minguettes, à l'origine de la marche, était impressionnant. Lorsque les responsables politiques de la cellule du Panthéon à laquelle nous étions rattachés m'ont répondu qu'il s'agissait d'un mouvement de « décomposés », que le « spontanéisme n'avait aucun intérêt » et que seule comptait la lutte révolutionnaire, j'ai décidé de quitter cette organisation.

Professeur des universités ? 0,01 % de chances !

Passionné par l'économie, l'épistémologie, j'avais choisi d'entreprendre une carrière de chercheur. Je savais que je voulais être un professeur d'économie comme Henri Bartoli, mon professeur à l'université Paris 1 Panthéon-Sorbonne au début des années 1980, ancien résistant[18], brillant orateur, spécialiste d'économie du travail. Bartoli nous enseignait, en maîtrise d'économie – le master d'aujourd'hui –, le cours « systèmes et structures ». Avec une voix grave qui portait, un rythme dynamique sans être trop rapide, il s'exprimait en regardant à peine ses petites fiches, et comparait avec brio et éloquence les systèmes capitalistes et les systèmes dits « communistes » à économies planifiées.

La même année, j'ai aussi eu la chance de découvrir l'épistémologie des sciences grâce au cours d'histoire de la pensée économique donné par le professeur Henri Brochier, tout aussi passionnant. Qu'est-ce qui fait science ? L'économie est-elle une science ? Est-elle falsifiable au sens de Popper ? Appartient-elle à un paradigme unique au sens de Kuhn ? Ces questions m'avaient passionné. C'en était fini de la politique pour moi. En DEA (master de recherche d'aujourd'hui) d'économie internationale, je savais que j'allais entreprendre une thèse de doctorat. J'ai demandé à ma chargée de travaux dirigés comment devenir professeur d'université.

« Vous avez 0,01 % de chances d'y parvenir », m'avait-elle répondu sèchement.

« Il faut passer un doctorat, l'habilitation à diriger des recherches, et après avoir publié des articles scientifiques dans des revues internationales, vous devez vous présenter au concours d'agrégation d'économie, composé de quatre épreuves étalées sur une année et le réussir. Vous voyez, c'est loin d'être gagné », avait-elle poursuivi. Sans le vouloir, elle venait de me donner la marche à suivre. En la quittant, j'ai été à la fois déprimé par sa réponse et en même temps me suis dit avec une sorte de projection audacieuse : « C'est ce qu'on verra ! »

Réaliser l'injonction

Je me réveille encore souvent avec le poids du mandat de mon père. Il fallait à la fois réussir l'école et s'intégrer totalement. Puis une troisième injonction est venue lors de mon arrivée en France : ne pas oublier les racines et ne pas épouser une femme non kabyle.

J'ai suivi cette voie mais sans savoir quel en serait l'objet. J'ai cru bon de m'engager dans l'économie à cause de mon histoire et de mon désir de rentrer un jour en Algérie pour aider au développement du pays. Étudier l'économie a été un choix guidé par cet impératif de réussite : devenir quelqu'un qui aura contribué au développement de l'Algérie indépendante. Mais cette idée a fini par s'éteindre. Mes retours épisodiques, lorsque j'étais jeune adulte, comme lors d'un séjour à Alger pour recueillir des données pour mon mémoire de maîtrise sur l'économie algérienne, m'ont fait ressentir la difficulté de me réadapter à la société algérienne alors que j'avais grandi en France depuis l'âge de dix ans.

J'ai entrepris une thèse financée grâce à un travail salarié de chargé de recherche à l'Institut de recherches économiques et sociales (IRES) créé par l'État en 1982 pour alimenter les réflexions des organisations syndicales. En 1986, j'étais encore de nationalité algérienne, et ne pouvais candidater à la bourse doctorale, réservée aux étudiants de nationalité française. Ce n'est qu'en 1992 que Lionel Jospin, ministre de l'Éducation nationale de François Mitterrand, a mis fin à cette étrange discrimination. L'IRES a été ma chance, car j'ai pu écrire ma thèse dans des conditions bien meilleures qu'à l'université, qui à cette époque ne proposait pas ou peu de structure collective de travail et d'encadrement des doctorants. Chacun travaillait seul et voyait de temps à autre son directeur de thèse, souvent à son domicile. À l'IRES, non seulement les chercheurs séniors, comme Jacques Mazier, le directeur de cet institut, pouvaient suivre mon travail, mais s'était aussi créé un groupe de chercheurs avec lesquels je suis toujours resté ami.

Je travaillais alors sur ma thèse intitulée *Changement technique et division internationale du travail : recomposition internationale des processus productifs et relocalisations industrielles*. Cette recherche, en décalage avec l'hyper-mondialisation qui s'est intensifiée dans les années 1990, anticipait le phénomène des relocalisations industrielles, devenu plus visible à partir des années 2010. À l'époque, les données empiriques montraient des relocalisations limitées, tandis que la mondialisation s'accélérait avec l'entrée de la Chine, de l'Inde et d'autres pays émergents dans l'Organisation mondiale du commerce. Pourtant, ma thèse défendait l'idée qu'à travers l'innovation et la recherche, les pays technologiquement avancés pouvaient retrouver des avantages compétitifs. Cela permettrait de freiner la désindustrialisation et d'encourager les relocalisations, à condition de renouer avec des politiques industrielles ambitieuses.

Cette vision était soutenue dans mon travail au sein de l'IRES, où j'étais chargé de recherche. Toutefois, à l'université, le courant dominant en économie internationale, favorable au libre-échange, restait sceptique. Après ma soutenance de thèse, j'ai été nommé maître de conférences par l'université de Paris 1 Panthéon-Sorbonne dans le campus d'Évry nouvellement créé. Dans la foulée, je me suis présenté au concours d'agrégation d'économie, ce qui m'a permis d'être nommé professeur des universités. Avec mon ami Philippe Moati, rencontré dès la première année d'économie à Paris 1, nous avions préparé ce concours ensemble et l'avons réussi ensemble dans un esprit de solidarité rare. Nous nous retirions à la campagne pour des périodes plus ou moins longues et travaillions toutes les questions de théorie économique qui pouvaient nous être posées. Nous sommes restés liés par des liens d'amitié indéfectibles. Nous nous attachons à ne jamais nous focaliser sur nos différences d'appréciation politique ou géopolitique. L'essentiel à nos yeux est de préserver cette amitié. Même lorsque nous ne nous voyons pas très souvent, comme l'écrivait J.-B. Pontalis, « l'amitié enjambe l'absence[19] ».

Mes travaux ont aussi trouvé un écho au commissariat général du Plan, ancêtre de France Stratégies, où j'ai été recruté en 1995 par Jean-Baptiste de Foucault, en tant que conseiller scientifique. Depuis les années 2010, la réindustrialisation, les relocalisations et les politiques de soutien à « l'autonomie stratégique » se sont diffusées un peu partout en Europe et aux États-Unis.

Ne pas toucher à la sociologie !

Durant mes années de thèse, j'avais entretenu une amitié profonde et féconde avec Stéphane Beaud, devenu sociologue. Lui préparait une thèse de sociologie sur la condition ouvrière, tandis que je poursuivais mon travail d'économiste en formation. Je tenais à distance la sociologie, pensant alors naïvement que je ne pouvais me laisser « stigmatiser » par une discipline trop proche de moi, et qui me renvoyait à mon histoire. Je tentais de me convaincre qu'en raison de mes origines de fils d'immigrés, issu de la classe ouvrière, je devais d'abord m'imposer dans une discipline plus technique, plus utile, pensais-je, afin de ne jamais m'associer en tant que sujet à mon objet d'études, bref pour ne pas servir de « beur de service ». Tandis que pour Stéphane, issu de la petite bourgeoise de province, père notaire, mère élevant ses enfants, frère juriste, théoricien du droit reconnu, il lui fallait plutôt sortir du carcan de la morale et des préjugés de sa classe d'origine.

Je m'efforçais d'affirmer à mon nouvel ami, durant ces belles années de jeunesse à l'IRES, la « supériorité de l'économie », qui prétendait à la représentativité des études empiriques statistiques et qui avait pour avantage de traiter les questions de causalité et de chasser « les biais de sélection et d'endogénéité ».

J'avoue ma mauvaise foi dans cette manière de dénigrer la sociologie, que je qualifiais avec mépris de « sociologie de bac à sable », davantage pour « ne pas y toucher » et pour me consacrer à l'accumulation primitive du savoir des économistes. Ce rejet ne servait qu'à me rassurer et à justifier mon choix, surdéterminé par le mandat de réussite qui m'était assigné. Ce n'était sûrement pas par rejet intellectuel, car depuis le lycée je connaissais les travaux de Lévi-Strauss, de Marshall Sahlins sur les sociétés primitives qu'ils étudiaient.

Je me souviens de l'intérêt que j'avais porté au livre de Pierre Clastres, *La Société contre l'État*, où l'auteur défend l'argument que certaines sociétés autochtones d'Amérique du Sud, en particulier les sociétés indigènes vivant en Amazonie et dans les régions avoisinantes, avaient choisi délibérément de maintenir une structure sociale sans État, ni aucune autre forme de pouvoir centralisé. Cela me faisait penser aux *djemâ'a* qui autorégulaient les relations sociales, le droit, l'économie, au niveau local, sans jamais en référer au pouvoir central. Cette structure sociale perdure, plus de soixante ans après l'indépendance de l'Algérie. Comme en Kabylie, Pierre Clastres décrit des sociétés qui ont résisté, souvent par la guerre, à la formation d'un État central afin de préserver l'autonomie des communautés.

Durant nos années de travail d'apprentis chercheurs, de doctorants, de 1986 à 1990, je ne cessais donc de taquiner Stéphane. Dans ma rationalisation de l'éloignement de la sociologie, je prenais un malin plaisir à critiquer, sans y croire vraiment, la thèse de Combessie sur la culture du coton en Andalousie, lui reprochant son caractère monographique et très spécifique au contraire de l'ambition de la science économique. Combessie y analyse l'impact de la culture du coton sur les structures sociales de l'Andalousie. Tout en étudiant le processus de mobilisation de la main-d'œuvre dans ce secteur agricole dans une région peu industrialisée, il observe la manière dont la culture liée à cette activité agricole de cueillette du coton a influencé les pratiques, les croyances et les représentations sociales des populations locales. En vérité, j'étais plutôt séduit par ce travail. Il analyse avec finesse la manière dont les nouvelles méthodes d'organisation du travail de culture du coton ont transformé puis évincé les traditions agricoles ancestrales et du même coup transformé l'identité culturelle andalouse. Ces travaux ont finalement nourri ma manière de faire de l'économie.

En réalité, toutes ces années passées chaque jour ouvré en compagnie de mon ami Stéphane m'avaient nourri et donné une culture sociologique grâce à mes échanges avec lui et aux lectures des ouvrages ou œuvres qu'il me faisait lire. C'est ainsi que j'ai pu découvrir les grands classiques de la sociologie, *Stigmate* de Goffman, *Le Suicide* de Durkheim, ou encore l'œuvre, qui m'est allée plus tard droit au cœur, d'Abdelmalek Sayad, qui m'a tant appris sur mon histoire migratoire, dans son article « La malédiction » publié dans l'ouvrage collectif dirigé par Bourdieu aux éditions du Seuil en 1993, *La Misère du monde*. Au-delà de la statistique et des méthodes empiriques économétriques, j'avais le besoin de compléter mes approches par une immersion ethnographique dans les terrains que j'étudiais, comme dans le cas des délocalisations des entreprises du textile. La thèse d'Abdelmalek Sayad m'avait aussi aidé à saisir l'analyse économique des migrations de travail. Dans « La malédiction », son entretien avec un immigré algérien, Abbas, retraité, qui observe l'insertion (ou la non-insertion) de ses enfants sur le marché du travail, est très utile à l'économiste qui essaie de comprendre les problématiques de segmentation du marché du travail. Sayad explique comment l'histoire familiale, la malédiction du départ vers la France pour vivre mieux, se sont transformées en réussites… et en désastres. L'ouvrier retraité est lucide sur la manière dont ses enfants s'insèrent ou non sur le marché du travail. Sa description de la trajectoire de ses enfants est d'une finesse tout à fait remarquable. Un article à faire lire à tous nos gouvernants.

Transgresser aussi

J'ai obéi à la première injonction du mandat de mon père en devenant professeur à l'université. Mais c'était au prix de la transgression de la seconde.

Nous nous étions rencontrés, ma future femme Christine et moi, sur les bancs des amphithéâtres de Paris 1 à Tolbiac en 1982, et il n'était pas question pour moi de trahir le choix de l'amour. Mais il me fallait trahir, avec la bénédiction du père, sa propre loi édictée depuis nos années d'arrivée en France : jamais de mariage avec une ou un non-musulman !

« Prenez le meilleur de ce pays, disait-il (c'est-à-dire l'école), donnez-lui le meilleur de vous-même (l'école encore) mais n'oubliez jamais d'où vous venez. »

Ce n'était guère pour une affaire de religion. La religion était pour nous, comme aimait le répéter notre père, une affaire individuelle qui ne peut jamais admettre un quelconque prosélytisme. Dès notre arrivée en France, nous célébrions avec soin toutes les fêtes musulmanes et la grande fête de Noël, la fête des enfants, sans oublier certaines fêtes païennes de Kabylie – singulièrement le nouvel an berbère du 12 au 14 janvier selon les régions (*Yennayer*).

Il faut bien avoir en tête que ceux qui partaient en France, même après l'indépendance, étaient suspectés de partir pour se convertir. L'expression créolisée du mot provenant probablement d'un mot français était le participe passé « trousi », c'est-à-dire converti. On suspectait les familles qui partaient dans le cadre d'un regroupement familial pour des raisons économiques d'être, comme cela a été le cas avec les harkis à la fin de la guerre d'Algérie, « des traîtres ». On disait alors que « la Croix-Rouge était venue les chercher ».

Ma mère était profondément choquée par ces ragots et calomnies qui couraient dans le village. Mon père, lors de son retour en août 1970 trois mois avant notre départ avait confronté les calomniateurs et rétabli la vérité en particulier auprès de ma grand-mère Oudria, très inquiète. Nous pouvions désormais partir en paix.

Le dernier jour de l'école, en décembre 1970, avant mon départ pour la France durant les vacances de Noël, la maîtresse, Mlle Békouche, avait proposé que la dernière heure soit consacrée à discuter de mon départ en France. Un moment très difficile pour moi. Les élèves m'avaient entouré pour écouter ce que j'allais dire de mon déménagement vers un pays riche : « Alors Mouhoub, comment vas-tu t'appeler quand tu vas arriver en France ? Jacques, Paul, ou Pierre ? » m'a-t-elle demandé. J'avais répondu du tac au tac : « Non ! Je resterai Mouhoub ! » déclenchant le rire de mes camarades. Partir vivre en France, c'était forcément trahir.

Conserver les liens avec la langue kabyle et notre culture d'origine incluant les fêtes religieuses et le ramadan était l'injonction symétrique de celle de l'intégration parfaite à la culture et la langue françaises. Nous devions cumuler toutes ces couches sans que l'une effaçât l'autre. Mais c'était au prix du futur renoncement à la seconde injonction.

L'existence de Christine avait été révélée en 1984, deux ans après notre rencontre, par mon ami Emmanuel, qui ignorait que je l'avais cachée à mes parents et à la famille, à part à Noureddine, mon oncle-frère, confident de toujours. Emmanuel avait cherché à me joindre à la maison, car j'habitais officiellement chez mes parents et passais les jours de la semaine dans l'appartement de Christine. Il avait appelé chez nous et était tombé sur mon père. Il a demandé machinalement si j'étais « chez Christine ». Mon père venait de découvrir que je fréquentais une Française. De véritables drames shakespeariens se sont ensuivis tous les dimanches à la maison durant de longs mois. Mes parents n'avaient de cesse d'essayer de me convaincre de « renoncer à cette fille ». Ma grand-mère Djamila était entrée dans la bataille, en me proposant des dizaines de prétendantes, toutes aussi jolies les unes que les autres, et toutes instruites, qui avocate, qui médecin, qui ingénieure, toutes de Kabylie, certaines des cousines plus ou moins éloignées.

De mon côté, une délégation de ma bande d'amis kabyles, Djamal, Mohand et Youcef, rencontrés au début des années 1980 à l'université, conduite par mon frère-oncle Noureddine, venu vivre en France à cette période, s'était présentée à mes parents, qu'ils avaient invités à dîner un samedi soir dans un restaurant kabyle de la rue de Bièvre, existant depuis 1905, *Le Fort National*. Mes amis avaient déployé tous leurs arguments, louant la probité, le savoir-faire, l'éducation de Christine. Ils ne sont parvenus à rien, mes parents ayant transformé cette réunion en procès en trahison, usant d'arguments d'autorité auquel aucun membre de cette délégation n'avait pu résister. Pour mes parents, les choses étaient simples : tant qu'il s'agissait d'un projet qui ne conduisait pas à un mariage, il était toujours possible d'y mettre un terme en me poussant à y renoncer. Ils avaient en tête l'exemple de l'un de mes cousins, contraint le jour de ses fiançailles avec une fille kabyle, mais « non marabout », à l'abandonner et à accepter le diktat familial. Fort de cet exemple, ils étaient déterminés à me faire céder.

Pour en finir, ma sœur Nadia avait décidé de mettre les pieds dans le plat, au printemps 1986, et avait poussé mon père et ma mère à rencontrer l'élue. Nadia, de retour de son long séjour en Algérie, avait décidé de m'aider et d'accélérer les choses. Mes parents n'avaient plus à s'inquiéter, car de son côté, elle épouserait un garçon kabyle. Plus tard après un premier échec elle a rencontré Khaled, un homme remarquable en tous points, enseignant d'informatique, ingénieur ingénieux, travailleur infatigable, chaleureux et aimant la vie. Il est arrivé à point nommé pour faire la synthèse parfaite entre ces aspirations à l'émancipation, à la liberté et à l'égalité, et l'attachement aux racines et à l'injonction parentale. Cela avait rassuré mes parents… en apparence seulement : tant que la chose n'était pas accomplie, ils continuaient à mener la bataille. Une dizaine d'année plus tard c'était le tour de ma petite sœur Nabila de rencontrer un homme, Malek, originaire de la petite Kabylie, né en France comme elle, ultramarathonien, philosophe, anthropologue et conteur. Mes parents étaient enfin totalement rassurés.

À la fin des fins, j'ai obtenu la (demi)bénédiction du père, de la mère, de la grand-mère, le soutien total inconditionnel et décisif de ma sœur Nadia et celui de mon oncle-frère Noureddine. J'ai même obtenu l'accord de sages du village de Tifrit Nath Oumalik, que mon père avait cru bon de consulter.

Ils lui auraient répondu que me connaissant, si j'avais choisi cette femme, c'est que c'était nécessairement un bon choix. Mon début de carrière universitaire avait constitué aux yeux de la communauté villageoise une sorte de garantie et favorisait le respect pour mon choix de rupture avec la tradition du mariage endogame.

Le mariage en Picardie

Nous nous sommes donc mariés le 18 juin 1988 à Lagny, dans l'Oise, dans le village natal de mes futurs beaux-parents. Nos amis sont venus nombreux pour cette fête de mariage. Du côté de ma famille, seuls mes parents, mes sœurs, notre ami M. Madjik, l'*amjah* de Lésigny, et mon oncle-frère Noureddine sont venus. Mon futur beau-père était fier d'annoncer au micro à tous les convives que l'assemblée réunissait dix-huit nationalités différentes. Dans ce village rural, à forte homogénéité ethnique, qui voyait pour la première fois de son histoire la célébration d'un mariage entre une fille originaire de ce village et un étranger, d'origine algérienne de surcroît, c'était un évènement. Certains villageois n'ont pas résisté à quelques remarques frisant le racisme face au choix de sa fille.

Mon futur beau-père les a tous envoyés promener. Ma future belle-famille était une famille de droite, catholique, gaulliste. Mon beau-père, Jean Berdon, issu de la classe ouvrière et paysanne pauvre, lui-même ouvrier agricole, avait épousé Micheline, fille de riches fermiers de l'Oise. Un mariage interclasses refusé par la famille de Micheline. La famille Loise ne pouvait accepter que leur fille soit mariée à un fils d'ouvrier dont la mère avait eu des enfants de pères différents. Le conservatisme de la riche paysannerie picarde imposait une norme sociale des mariages rigoureuse qui se rapprochait des pratiques sociales de la paysannerie en Kabylie, dont la « segmentarité » était encore plus prononcée puisque s'ajoutait à la différence de classe la distinction de la caste maraboutique.

Pour épouser sa future femme, Jean avait emmené Micheline en Bretagne chez une vieille amie de la famille, qu'il avait connue durant ces années de guerre et de travail comme caréneur dans les chantiers navals de Saint-Nazaire. Ils ont eu deux filles, Jocelyne et Christine. Jean et Micheline ont travaillé dur durant les années 1950-1970. Ils ont monté un commerce d'abord à Levallois-Perret puis à Boulogne-Billancourt, à côté de la porte de Saint-Cloud. Les Trente Glorieuses leur avaient beaucoup profité et l'enrichissement de la famille Berdon a été une véritable revanche pour Jean auprès de sa belle-mère, Suzanne Loise. La démonstration de cette richesse se manifestait par l'achat de belles voitures, par des fêtes somptueuses pour les communions de ses filles ou le mariage de son aînée, et par des vacances d'été dans de prestigieuses stations balnéaires où il conviait toute la famille élargie.

Jean s'était engagé dans la Résistance contre l'occupation allemande. Il avait combattu dans la poche de Saint-Nazaire. Guère satisfait de cette « étrange défaite », il avait répondu à l'appel de de Gaulle et s'était engagé dans le 67e régiment d'infanterie pour résister contre les Allemands. Sa vie aura été marquée par son acte de résistance et son adhésion au gaullisme. Son beau-frère, garagiste, s'était contenté de la démobilisation et de l'investissement de l'argent que lui avait laissé son père pour l'achat d'un garage automobile. J'ai saisi en arrivant dans la famille la manière dont Jean prenait sa revanche sur sa belle famille qui l'avait méprisé pour sa condition de classe sociale inférieure. Sa revanche était liée non seulement à sa réussite sociale mais aussi à sa distinction d'engagé dans la Résistance. Je l'avais entendu parfois au cours des déjeuners familiaux du dimanche demander à son beau-frère, après quelques verres de bordeaux juste avant le fromage, ce qu'il avait bien pu faire pendant la guerre, après la démobilisation et la honteuse défaite. Pourquoi n'avait-il pas rejoint les rangs de la Résistance comme lui ? Bref, pourquoi s'était-il planqué ? Pourquoi ne s'était-il occupé que de monter son garage avec l'argent que son père lui avait donné ? C'était là la revanche de Jean, que je prenais un malin plaisir à remettre parfois sur la table durant ces déjeuners familiaux.

Jean a aussi été champion de l'Oise de course à pied, avant la Seconde Guerre mondiale. Il a couru avec Alain Mimoun, célèbre marathonien d'origine kabyle, futur champion olympique. Il avait fait plusieurs marathons avec lui. Lorsque j'avais rencontré Jean pour la première fois, au milieu des années 1980, il m'avait accueilli avec respect et considération, en partie en raison de cette généalogie lointaine avec Mimoun. Mais c'est sans doute parce qu'il connaissait bien le caractère déterminé de sa fille et qu'il se disait qu'il fallait bien composer avec ses choix. Il était aussi fier de ma réussite universitaire. Lorsque ma thèse a été publiée chez Economica, et que je lui en ai donné un exemplaire dédicacé, il l'exhibait fièrement dans tout le village de Lagny où ils avaient décidé de revenir pour leur retraite.

Mes parents, comme ceux de Christine, entonnaient les mêmes discours sur la réussite sociale et la réussite scolaire. En dépit des différences culturelles, j'ai été surpris de découvrir dans les deux familles les mêmes repères des classes populaires moyennes, et les mêmes devises. « Je suis parti de rien, fils d'ouvrier, j'ai fait la Résistance, et j'ai créé mes commerces pour en arriver aujourd'hui à ce niveau ! » disait Jean. « Je n'ai compté que sur mes jambes, sur ma force, et sur la volonté ! » répondait mon père. Se lever de bonne heure, ne jamais arriver en retard, dîner avec ses enfants le soir pour leur faire la leçon, contrôler leurs faits et gestes et punir sévèrement quand il le faut... Mes parents comme ceux de Christine partageaient des principes et des valeurs d'une partie de la classe ouvrière et de petits commerçants qui ont réussi par la force de leur travail. Ma belle-mère aimait particulièrement la rigueur vestimentaire de mon père, qui portait toujours veste, chemise et cravate lors des rencontres familiales. Mes parents appréciaient chez les Berdon la bonne éducation, la tenue vestimentaire plutôt sobre et pudique, l'absence de gestes qui les auraient choqués, comme la démonstration des sentiments amoureux dans les couples…

Ils étaient aussi croyants. Le fait d'être musulmans était respecté par Jean et Micheline et inversement. Pour les deux familles, croire en Dieu voulait dire se comporter de la même manière en faisant le bien et en respectant les autres, des discours que nous entendions Christine et moi durant les premières rencontres entre les deux familles. Nous n'avions rien à en dire, nous qui étions aux antipodes des pratiques religieuses. Mais, des deux côtés, aucune injonction concernant cet aspect de l'éducation. La religion était une affaire personnelle qui concernait l'individu face à Dieu.

Brûler ses vaisseaux

Notre premier enfant, Yassine, est né en 1990. J'avais assisté à sa naissance, comme aux deux autres qui ont suivi. L'apparition de sa tête puis de son corps m'a fait soudain ressentir comme une nouvelle naissance, une renaissance.

Après deux années d'entente avec mes parents, le premier prénom donné au fils cadet Théo, comme Théo Van Gogh, suivi de Tarek, ne passait pas. J'avais trahi ma promesse de ne donner que des prénoms kabyles ou musulmans en général. Il m'avait pourtant semblé qu'un bon compromis était d'utiliser les deux prénoms. Le prénom Tarek, que Christine aimait beaucoup, se rapprochait, dans mon esprit, de celui de Tarek Ibn Zyad, général musulman berbère du VIIe siècle qui, en 711, lors de l'expédition militaire en Espagne, avait contribué remarquablement à la conquête de l'Andalousie et dont je pensais alors qu'il avait brûlé ses vaisseaux pour forcer son armée à attaquer : vaincre ou mourir.

Dans les premières années de notre mariage, ma mère avait accueilli ma compagne avec une certaine bienveillance et même une certaine admiration. Mais cet équilibre fragile n'a pas résisté au premier écart du choix d'un prénom français pour notre second enfant, bien que doublé d'un prénom musulman. À partir de ce moment, les échanges sont devenus un peu moins fluides. Ma mère, sans jamais hausser le ton, laissait passer ici et là des remarques, souvent voilées, qui disaient son sentiment d'éloignement. Il ne s'agissait pas d'un conflit ouvert, mais plutôt d'un fossé discret. Elle avait l'impression que le lien se distendait, que les choses lui échappaient. Ce n'était pas la colère qui parlait, mais un mélange de nostalgie et d'amertume, devant une réalité qu'elle ne reconnaissait plus tout à fait. Peut-être avait-elle un jour imaginé pouvoir continuer à jouer un rôle central, tenir sa place dans un modèle familial qu'elle connaissait et qu'elle maîtrisait. Mais les choses s'étaient passées autrement.

Payer la dette morale

Mon père n'a cessé de répéter depuis notre plus tendre enfance qu'il n'aurait jamais besoin de l'aide de ses enfants et qu'il ne compterait que sur « ses jambes, sa force de travail, et sa volonté ». Au contraire pourtant, dans la culture kabyle, les enfants aident la famille financièrement dès qu'ils gagnent leur premier sou. J'ai toujours entendu parler d'Untel qui a construit une maison pour ses parents, d'un autre qui avait acheté une voiture à ses parents… L'idée de rendre à ses parents les sacrifices de leur labeur pour vous élever était présente dans la maison. Mais le discours de mon père était plus suggestif. Inconsciemment peut-être, en nous indiquant dès le départ que pour lui il n'était pas question de dépendre des revenus de ses enfants, que seule comptait notre réussite scolaire et qu'il ferait tous les sacrifices en travaillant dur, et même le week-end, pour y parvenir, il nous plaçait dans une plus grande dette morale. Nous admirions son courage et son ardeur au travail.

La manière dont mon père nous épargnait pour l'avenir le besoin de lui venir en aide financièrement suscitait, pour l'enfant inquiet que j'étais, exactement la suggestion inverse. *Quand je serai grand et quand je gagnerai de l'argent, j'aiderai mes parents*. Dans le même temps qu'il nous indiquait fièrement qu'il n'aurait jamais besoin de nous ses enfants, il nous racontait l'histoire de son père qui regrettait souvent le transfert du peu d'argent de son fils aîné Mohand-El-Mouhoub exilé en France. Il ajoutait aussi souvent que si seulement il avait eu la chance de connaître sa mère biologique, Hasna, partie trop tôt de la maison, s'il avait seulement pu la connaître lorsqu'il avait atteint l'âge adulte et qu'il gagnait enfin sa vie, il « la porterait tous les jours sur son dos », expression qui signifie en kabyle gâter la personne qu'on aime. Combien de fois m'a-t-il raconté cette histoire de bouteille de « gazouze » (l'équivalent du Fanta) aperçue avec envie dans la vitrine d'un magasin d'Azazga, la ville qui se situait à une trentaine de kilomètres de Tifrit, dans laquelle il accompagnait parfois son père. Au moment où il avait demandé à son père de lui acheter cette petite bouteille de Fanta dont il pouvait imaginer le goût sucré et pétillant couvrant doucement ses lèvres et son palais, la réponse fut violente comme un coup de poignard : « Je jure que tu n'y goûteras point ! » lui avait asséné mon grand-père El-Mouhoub. Et il a continué : « Si tu cèdes à cette envie immédiate tu ne pourras jamais construire ta vie et tu seras toujours à la merci de tes moindres petits désirs. » Combien de fois ai-je entendu cette histoire triste et d'autant plus féroce que mon père n'y voyait que l'effet positif de son éducation réussie, celle d'un homme fort capable de contenir ses désirs avec courage et abnégation. Il ajoutait que lorsqu'il était arrivé en France à l'âge de vingt-trois ans, pendant que ses coreligionnaires dépensaient leurs revenus selon leurs bons désirs instantanés, lui épargnait dans l'objectif de nous envoyer les mandats mensuels et dans celui de nous faire venir un jour en France auprès de lui. Il comprimait ses désirs en repensant à cette leçon. Entendre cela durant toute son enfance et voir son père présent à toutes les réunions de parents d'élèves au collège comme au lycée, demandant à voir chaque professeur un par un, ne peuvent produire que l'effet inverse. Au contraire, s'est accumulée en moi une charge de dette morale, voire de culpabilité. De fait, je donnais à mes parents dès mes premiers revenus d'été les sommes gagnées. J'étais très fier de remettre à mon père ma première paye de moniteur de centre aéré en juillet 1977. Puis cela n'a pas cessé. Jusqu'à avoir contracté un prêt étudiant à un taux d'intérêt important pour les aider dans un moment difficile. J'ai dû rembourser ce prêt lorsque j'ai occupé mon premier emploi salarié régulier, celui de chargé de recherche à l'IRES en 1986, tout en ponctionnant plus de 15 % de mon salaire. Ces dons se sont poursuivis plusieurs dizaines d'années. Une partie de l'explication du mécanisme de transfert mensuel automatique vers mes parents relève de la tradition culturelle patriarcale : les fils aident leurs pères. Une autre raison se rapporte à une sorte de nécessité de rachat de dette. Celle d'avoir transgressé la loi du mariage. Une façon pour moi de leur montrer que je pouvais à la fois concilier mon choix de vivre avec la femme que j'aimais, française ou non, et de rester redevable.

Dans nos désaccords, le transfert mensuel que je faisais à mes parents se retournait souvent contre moi. Mon autonomie et mon indépendance représentaient, dans l'esprit de ma mère, une forme de dépossession qui allait bien au-delà de ce que ce don pouvait compenser.

Ces transferts se sont arrêtés soudain sans efforts ni remords, il y a quelques années. Mon père m'a dit qu'il avait prêté de l'argent à une personne de la famille pour compléter son achat immobilier et m'a indiqué que cet argent provenait des sommes mensuelles que je lui donnais et qu'il épargnait. Il n'avait donc pas besoin de cet argent. Je n'avais jamais imaginé pouvoir arrêter ces transferts qui ne satisfaisaient au fond personne, ni mes parents qui les trouvaient insuffisants, ni moi qui me sentais bien frustré et bien triste du peu de considération qu'ils leur accordaient. J'ai décidé d'arrêter le flux automatique et régulier et j'ai dit à mon père que je lui donnerais toujours tout l'argent dont il aurait besoin. Lui-même s'est senti soulagé et s'est montré satisfait de cette nouvelle proposition. Je pouvais me concentrer sur des transferts d'argent différents.

III.
Les forces de rappel

La question

On croit, à force d'études, de responsabilités assumées, de reconnaissance académique, avoir franchi des frontières invisibles. Les décennies auraient pu creuser un fossé avec les lieux de départ, chargés d'histoires familiales et collectives. Il suffit pourtant de presque rien, d'un morceau de musique arabe, comme *Les ruines de l'amour (Al Attlal)* d'Oum Kalthoum, *Ya Rayah* de Dahmane El Harrachi, repris majestueusement par Rachid Taha, ou kabyle, comme *Les rêves du vent* de Djamel Allam, *Pourquoi cette pluie ?* d'Idir, de la lecture à haute voix d'un poème de Si Mohand, de la découverte de *Nos richesses* de Kaouther Adimi, décrivant l'histoire fantastique de la librairie Edmond Charlot de la rue Charasse à Alger, du souvenir de *Nedjma* de Kateb Yacine au cœur des soulèvements durement réprimés de Sétif, Guelma et Kherrata, ou encore de la vue du *Journal* de Mouloud Feraoun ouvert sur le bureau, pour effacer les frontières du temps et de l'espace et vous rappeler l'essentiel. Ces mots, ces sons, ces voix se mêlent confusément à ceux du plat pays de Brel, des *Copains d'abord* de Brassens, du *Jan Karski* de Yannick Haenel, de *L'Amour des commencements* de Pontalis, du film *Georgia* d'Arthur Penn, ou d'*America, America* d'Elia Kazan. Ce sont ces forces de rappel qui travaillent le corps, l'identité, la mémoire. Ces allers et retours ont façonné mon histoire. Les séjours d'été dans le village natal nourrissent les retrouvailles familiales, amicales et tribales, tout en observant discrètement l'évolution économique et sociale de la région.

Chaque année, les petits carnets se noircissent d'anecdotes et de réflexions nouvelles, et deviennent au fil du temps des archives inutilisées. Je suis resté lié à ce territoire d'origine par les sentiments et la solidarité. Avec beaucoup d'autres, je participe à des transferts collectifs d'argent pour financer des projets locaux, à des gestes modestes mais durables.

Durant les vingt dernières années, j'ai renoué avec Alger, où j'ai été invité à enseigner devant des cadres d'entreprises publiques et privées. Ces voyages professionnels ont ravivé un attachement discret, mêlé de lucidité et de tendresse, à cette Algérie qui continue de me reconnaître comme l'un des siens, tout en me considérant parfois comme l'autre, celui qui est « parti » peut-être pour toujours. Cela ne contredit en rien un amour puissant de la France, de Paris, du fleuve qui la traverse, ainsi que de sa vision encore sensible de l'universalisme, de l'égalité et des droits de l'homme.

Les forces de rappel ne viennent pas seulement de la Kabylie ou d'Alger. Elles surgissent aussi de ce côté-ci de la Méditerranée, là où l'on pense pourtant être totalement acculturé, avoir complètement adopté cette culture, ce pays. Lorsque j'ai été élu président de l'université Paris Dauphine, j'ai cru, l'espace d'un instant, être à l'abri de toute assignation à identité. J'avais simplement suivi la voie du travail tracée par mon père, parfois qualifiée de méritocratie républicaine, rempli mon mandat parental, incarné ce que l'on attend d'un professeur des universités, rendu service à l'institution de l'Éducation nationale et de l'enseignement supérieur dont j'ai tant reçu. J'ai été élu à une très forte majorité, en compétition avec un collègue dont le nom parfaitement français. C'est dire que, tout au long de ma vie depuis mon arrivée en France, j'ai toujours cru en la supériorité des compétences révélées sur les préjugés. J'étais assuré de la force républicaine de l'intégration par l'école, tout particulièrement dans ce milieu académique qui m'a toujours accueilli sans considération de mes origines ou de mon nom. Et pourtant, le nom que je porte est de nouveau venu se rappeler à mon souvenir. Parfois, sous couvert de curiosité ou d'admiration, on pouvait percevoir un étonnement mal dissimulé, comme un rappel à l'ordre identitaire.

La « djemâ'a » de Tifrit à Paris

Les transferts d'argent intrafamiliaux traversent les frontières et se destinent aussi à la marche de la collectivité du village. La *djemâ'a* du village de Tifrit et ses modes de fonctionnement ont été répliqués dans l'émigration dès le début du XXe siècle, avec les premiers flux d'immigration en France. La participation aux activités de la communauté du village des membres de la diaspora est une tradition restée tenace. Le FLN s'est d'ailleurs appuyé sur ces structures pour organiser la lutte pour l'indépendance dans l'émigration. Tous les premiers dimanches du mois, l'assemblée du village se réunissait d'abord dans le café de Zi-Rachid, propriétaire du fameux hôtel-restaurant de la rue des Maraîchers. Au début des années 1990, cet hôtel ayant été vendu, la *djemâ'a* a été « délocalisée » dans un autre café-restaurant près de la gare de l'Est appartenant à un autre membre de notre village, Tahar Dib. Depuis les années 2010, une salle du centre culturel de la mairie d'un arrondissement de Paris nous permet de poursuivre cette tradition. Ces réunions rassemblent tous les immigrés et leurs descendants originaires du village. Leur objectif est d'abord de mettre en place un réseau de solidarité, au niveau de la tribu (*El Aarch*), mutualiser les ressources financières afin d'assurer et de couvrir tous les frais de rapatriement des corps des défunts dans leur village. Chaque membre homme en âge de travailler doit s'acquitter d'une cotisation mensuelle fixe, quel que soit son niveau de revenu. Les retraités payent demi-tarif. L'autre mission de la *djemâ'a* est de rassembler des fonds spécifiques pour réaliser des travaux qui améliorent la vie du village et pour suppléer à l'absence de l'État.

Le principe de fonctionnement des *djemâ'a*, au village comme à Paris, est l'unanimité. Les discussions sur les décisions à prendre se poursuivent jusqu'au point d'équilibre où plus aucun membre présent ne conteste. Tout le long de la discussion, la proposition évolue pour devenir de plus en plus consensuelle. Après quelques heures de débat, le silence vaut adoption de la décision. Toutes les décisions ainsi prises sont appliquées de manière impérative. Un dimanche d'octobre 2000, l'un des membres de la *djemâ'a*, ayant pour modèle le fonctionnement des associations françaises, avait proposé aux membres de l'assemblée d'abandonner le principe de l'unanimité, source d'immobilisme et de conservatisme à ses yeux, et d'adopter le principe démocratique de la majorité. Après une année d'expérimentation, force a été de constater qu'aucune discussion prise à la majorité n'a été respectée, en particulier par les immigrés qui venaient d'arriver du village, et par les vieux immigrés attachés à la tradition. Lorsqu'une décision de cotiser dix euros de plus par mois par personne avait été prise, pour réaliser des travaux pour agrandir la bibliothèque du village, toutes les personnes qui avaient voté contre cette mesure avaient considéré que n'ayant pas « accepté » la décision lors de ce vote, celle-ci n'avait tout simplement pas d'existence. Le problème s'est répété sans cesse, et une année plus tard, nous sommes revenus à la tradition de la décision à l'unanimité. Les décisions ont été de nouveau appliquées et respectées.

J'avais commencé à participer à ces réunions de la *djemâ'a* parisienne au début des années 1990, de manière assidue. L'*amin* du comité à Paris était Arezki Cheref, ami de mon père de quelques années son aîné. Arrivés en France à la même période, dans les années 1960 post-indépendance, leur amitié était fondée sur leurs souvenirs de jeunesse à Paris, lorsque le dimanche après-midi, leur seul loisir était de se retrouver à trois ou quatre jeunes hommes du village pour prendre un café au *Canon de la Nation* avant de faire une petite promenade de la place de la Nation à la place Félix Éboué pour voir les « lions de Daumesnil ». Arezki Cheref avait pour mon père une grande admiration, car il a été témoin de sa détermination et de son abnégation pour réaliser ses objectifs de nous faire venir en France. Ma position de professeur des universités était pour lui le symbole de la réussite suprême au-dessus de toutes les autres. J'étais donc devenu malgré moi le conseiller informel de la *djemâ'a* parisienne et j'étais chargé d'écrire les courriers en direction du village, lorsque nous devions nous plaindre de tel ou tel dysfonctionnement dans la réception de l'argent que nous envoyions pour financer des projets d'infrastructure ou aider les familles en difficulté. Lorsque nous avions lancé le projet d'équiper le village d'eau courante, l'État n'ayant pas fait grand-chose pour développer les infrastructures dans les villages de Kabylie, nous nous étions mobilisés pour cotiser l'équivalent de 20 euros par mois et par homme membre de la communauté ayant une activité professionnelle. Le projet s'est écoulé sur une durée de sept ou huit ans. Les péripéties ont été nombreuses. Nous avions écrit au comité du village et à son président (l'*amin*) à Tifrit, pour demander des précisions sur le résultat des travaux. Réunis à Paris en assemblée générale extraordinaire en 1998, nous nous sommes inquiétés du fait que certaines maisons n'étaient toujours pas équipées de raccordements individuels, contrairement à d'autres maisons pourtant inoccupées.

À Paris, certains soupçonnaient probablement à tort, des manquements à la rigueur dans l'usage des fonds transférés au comité à Tifrit. L'eau a fini par arriver dans les maisons et notre action dans l'émigration n'a pas été vaine. J'aimais participer à ces réunions et m'y rendre avec mon père, pour qui c'était aussi l'occasion de revoir les gens du village, malgré les débats incessants, fastidieux et répétitifs autour du sort à réserver à ceux qui ne payaient pas leur cotisation. Certains, très radicaux, n'hésitaient pas à menacer ceux qui ne payaient pas d'exclusion de l'usage des biens communs, à commencer par l'usage de l'eau courante, tous les membres de la famille de l'individu qui n'acquittait pas ses droits. Nous étions quelques-uns à nous élever contre ces positions intransigeantes et essayions souvent de les convaincre que très peu de gens étaient concernés – un fait rare pour toute association ou toute organisation à but non lucratif. En outre, cela représentait une double peine pour les familles restées au village : l'exclusion des biens communs et la honte d'être ainsi montrées du doigt.

J'ai la conviction profonde que mon engagement dans les activités d'aide en direction du développement du village complète mes autres engagements collectifs. Les couches successives qui constituent l'histoire de chaque individu ne s'évincent pas l'une l'autre mais se complètent, s'entremêlent. Quand j'étais jeune étudiant, j'avais l'espoir de retourner travailler en Algérie pour contribuer à son développement. J'avais choisi la spécialité *Économie publique*, qui ouvrait sur la planification économique, mais cet espoir est resté vain. Mon engagement dans les actions du comité du village est sans doute une manière de prolonger cette volonté d'aider le développement économique et social de mon pays natal.

Tahar : la deuxième mort au travail en France

Ce 28 octobre 1999, le message est arrivé dans ma boîte vocale. Après trois heures de cours donnés à des étudiants de troisième année de licence, j'avais débranché le rétroprojecteur, rangé mes transparents de manière toujours aussi désordonnée et remis ma montre au poignet. Sorti de l'amphithéâtre du campus de Villetaneuse, à 19 h, j'avais rallumé mon gros téléphone portable. Nabila, ma petite sœur, m'avait laissé un message me demandant de la rappeler d'urgence. Je l'ai rappelée aussitôt :

« Allo, Nabila, c'est Mouhoub.

– Ah salut, mon frère ! » Sa voix tremblait. C'est ainsi qu'elle m'appelle toujours au téléphone, « mon frère ».

« Tu sais, oncle Tahar est décédé. »

J'ai reçu cette nouvelle comme un coup de poignard. Je ne parvenais plus à respirer. Tahar, de deux ans mon aîné, était mon oncle maternel, avec lequel j'avais grandi, de l'âge de six ans à dix ans, en Algérie. Tahar était plus qu'un frère. C'était un ami, un complice et une figure authentique de l'homme libre que j'admirais.

« Il est mort ce matin à l'hôpital des suites de ses blessures », avait-elle ajouté. Selon oncle Noureddine, il avait des blessures liées aux coups portés au cœur à l'arme blanche et a été poignardé plusieurs fois avant de succomber à ses blessures au petit matin.

« Qui, comment, pourquoi ? lui avais-je demandé, complétement abasourdi et fébrile.

– C'est tout ce que je sais. Tu verras ce soir avec tonton Noureddine, on se retrouve chez *Yema* Djamila. »

Je suis monté dans ma voiture, le regard dans le vide, pour quitter l'université de la banlieue parisienne et me rendre chez *Yema* Djamila, notre grand-mère. Comment allait-elle survivre à la mort de son fils ? Elle prendrait son ventre à pleines poignées, mimant l'arrachage de ses entrailles. Elle hurlerait aux cieux en invoquant « *vava arbi* », « le père dieu ».

Je ne pouvais croire ce que je venais d'entendre. Une partie de moi-même venait de partir. Tahar, mort ! Assassiné à coups de couteau dans son taxi. Un incroyable retour de mémoire me rappelle la mort de mon grand-père Mohand-Tahar en France en 1965 d'un accident du travail, asphyxié par le gaz, et dont Tahar a reçu le prénom. L'ironie cruelle de cette histoire est que l'assassin était aussi un émigré algérien, algérois même, en situation irrégulière, tout comme Tahar l'avait été au début des années 1980 avant son expulsion en Algérie deux ans après son arrivée. De retour au début des années 1990, il travaillait comme chauffeur de taxi. Son assassin serait monté dans son taxi, au Perreux, et aurait exigé sa caisse. Sept cents francs (100 euros !). Tahar a refusé de donner sa recette sous la menace d'un compatriote qui comme lui avait grandi dans les quartiers de la banlieue d'Alger. Il a dû probablement tenter de lui parler. Le rapport de police indique qu'il avait essayé d'alerter par ses feux de détresse une voiture de police qui passait en sens inverse sur la même route. C'est là que, paniqué, l'homme l'avait poignardé deux fois dans le thorax.

Chez ma grand-mère, j'ai retrouvé mon oncle-frère Noureddine. Nous n'avons pas pu nous empêcher de nous jeter dans les bras l'un de l'autre. Nos sanglots venaient de loin, de notre enfance heureuse. Nous pleurions la disparition, lui de son frère et moi de mon oncle-frère et ami. Comme si la mort soudaine, incompréhensible, de Tahar avait définitivement bouleversé nos vies mais nous réunissait de nouveau après des années de distance.

Toute sa vie, la hantise de ma grand-mère a été de voir le jour où l'on taperait à sa porte pour lui annoncer que l'un de ses fils a été assassiné, mutilé, violenté, par un assassin des rues algéroises, un de ces pauvres jeunes n'ayant que la rue pour asile, un de ces *hamadj*, une de ces racailles… Durant les années de la guerre d'indépendance, combien de disparitions, de tueries, n'avait-elle pas vues autour d'elle ? Cette peur la tourmentait chaque nuit où elle voyait Tahar monter dans son taxi. Ironie du sort, Tahar avait décidé d'arrêter de travailler la nuit et il ne lui en restait plus que trois à faire.

Le tueur avait été arrêté sur les lieux mêmes du crime, il avait avoué immédiatement et avait été incarcéré à Fresnes. Il cherchait une proie facile. Les aveux de l'assassin ont suffi à déterminer le mobile. Noureddine et moi, inséparables dans cette épreuve, pensions qu'il fallait enquêter et dans l'état de choc dans lequel nous étions, nous soupçonnions un manque d'investigations de la police. Embarqué dans cette contre-enquête, j'avais annulé une invitation au Chili pour une conférence. J'avais aussi reporté mes cours. « Un meurtre entre deux

Algériens, deux Arabes, deux sauvages… Cela ne valait pas le coup de se faire du souci », pensions-nous en nous répétant cinquante fois les mêmes phrases ce soir d'octobre 1999. Cette petite frappe, qui disait qu'il devait trouver de l'argent pour accueillir son beau-père arrivé d'Algérie, n'était pour nous que l'exécuteur d'un meurtre diligenté par quelqu'un d'autre. S'accrocher à cette version nous paraissait plus rationnel, plus supportable, que d'accepter celle d'un meurtre commis par un type paumé, voire drogué, servant à la police et au juge d'instruction un mobile absurde. Le flagrant délit et les aveux du tueur avaient suffi à la police et au juge d'instruction. En mars 2001, le procès a eu lieu à Créteil. Le procureur a requis vingt ans de prison ferme. Le jury l'a condamné seulement à douze ans de prison. Cela nous a révoltés.

Les retours épisodiques

Je retourne régulièrement vers le village d'enfance depuis les années 1990. Depuis 2010, je donne aussi deux fois par an des enseignements à des hauts cadres de la fonction publique, à des directeurs d'entreprises, des responsables de sociétés publiques, des colonels d'armée, des entrepreneurs du bâtiment ou de la pharmacie, qui ont contribué à me familiariser avec l'économie et la société algériennes. Je suis heureux de le faire et les étudiants de cette génération me le rendent bien. Il n'y a pas chez eux de ressentiment à l'égard des émigrés, contrairement aux anciennes générations. Ils sont fiers de leur compatriote parti à l'âge de dix ans et devenu professeur dans une université prestigieuse. Les cours sont toujours très intenses et leur participation est remarquable. Ces voyages réguliers me permettent de suivre les évolutions de la société mais également la composition de la diaspora algérienne. J'y ai aussi conduit quelques travaux et rapports pour la Commission européenne ou pour la Banque mondiale sur les réformes économiques en Algérie.

En tant que Franco-Algérien, j'étais souvent à la fois bien accueilli, connaissant la langue et les codes du pays, mais observé aussi par certains interlocuteurs, en particulier des anciennes générations, avec suspicion. Il y a quelques années, au milieu des années 2000, je me suis retrouvé impliqué dans une mission passionnante mais complexe. Avec deux collègues français, nous avions été choisis pour mener une étude pour la Commission européenne, dans le cadre du programme MEDA liés aux accords de libre échange euro-méditerranéens. Notre objectif ? Proposer des stratégies pour améliorer le financement à long terme de l'économie en Algérie.

L'économie algérienne, qui dépend des ressources en pétrole et en gaz, utilisait davantage la subvention directe par l'État que des moyens financiers modernes pour investir dans le développement du pays. L'argent de ces hydrocarbures enrichit l'État, mais cela a aussi ses revers : cela empêche souvent le secteur privé de se développer, et l'État finit par subventionner des projets moins efficaces au lieu de soutenir des initiatives privées prometteuses. L'Algérie avait créé un fonds spécial pour gérer ces revenus pétroliers, surtout l'augmentation du prix du pétrole du début des années 2000. Ce fonds devait aider à stabiliser l'économie contre les hauts et les bas du marché du pétrole, et à partager cette richesse avec les générations futures. Mais en réalité, ce fonds n'était pas utilisé de manière aussi sage et prévoyante qu'on aurait pu l'espérer, surtout comparé à d'autres pays comme la Norvège. Mes collègues et moi avons donc suggéré que l'argent soit investi de façon plus transparente et bénéfique à long terme, notamment en créant une sorte de « banque d'épargne » nationale, une Caisse des dépôts à l'algérienne pour financer de grands projets d'investissement.

L'idée n'a pas été très bien accueillie. La veille de notre grande présentation, le maître d'œuvre de l'étude côté algérien M. Bensalah, est venu me voir à notre hôtel. Il était visiblement inquiet, craignant que notre proposition ne provoque des réactions négatives au plus haut niveau du gouvernement. Il m'a expliqué qu'en tant qu'économiste originaire de ce pays je comprendrais et il m'avait demandé de retirer cette suggestion de notre rapport.

Je savais que ce que nous proposions était audacieux, mais nécessaire et pensé pour le bien du pays. Je lui ai donc expliqué que cette proposition resterait dans notre rapport et qu'elle était de mon initiative. Le lendemain, lors de la présentation, le président de l'association des banques a fait une apparition éclair, laissant ensuite l'équipe présenter les résultats, qui ont été bien reçus par la majorité des participants. Malheureusement, malgré l'intérêt suscité, notre proposition de réformer le fonds de recettes des hydrocarbures n'a jamais été mise en œuvre.

Le 29 juillet 2022, je suis enfin retourné à Tifrit, accompagnant mon père à qui le village manquait terriblement depuis les trois années précédentes de crise sanitaire. Le vol Air France de 10 h 30 au départ de Roissy-Charles-de-Gaulle pour Alger déborde de monde. Les familles et leurs jeunes enfants embarquent pour passer les vacances chez leurs proches laissés au pays, à Alger, en Kabylie ou ailleurs. Des quadragénaires aux allures décontractées parlant l'arabe algérien. Le français y est mélangé à l'arabe, créolisé dans la langue arabe *derdja*, dialectale, lorsqu'il est utilisé. D'autres utilisent le *tamazight* – le berbère. Nouveauté depuis les dix dernières années, des familles algériennes installées en Angleterre ou aux États-Unis, de retour pour les mêmes raisons, utilisent l'anglais avec leurs jeunes enfants, mélangeant aussi l'arabe ou le kabyle. Des femmes en jean et baskets. Pas de voiles. Ou très peu. La nouvelle bourgeoisie algéroise qui fait des allers et retours entre Alger et Paris est très présente dans ce vol bondé.

Dix ans plus tôt, nous étions venus ici tous les deux seuls, pendant le ramadan, passer quinze jours. Ces moments sont rares. Mon père ne cache pas sa joie de retrouver ses marques de vieux Hadj respecté par les villageois, et aussi de profiter de cette liberté retrouvée, sans les contraintes quotidiennes de la vie parisienne.

Au fil des ans, le village s'est étendu à l'extérieur du hameau central, et la partie périphérique dénommée « L'Djemaä », où mon père a fait construire une maison il y a un peu plus de trente ans, a vu les maisons pousser comme des champignons, des bâtiments énormes, inachevés de l'extérieur, mais habités tout de même le plus vite possible, exhibant une certaine richesse. Le capital se mesure ici toujours au nombre de mâles par famille, dont la taille est proportionnelle à l'occupation présente et future des sols. Leur propriété, toujours transmise de père en fils, continue à symboliser la puissance de la lignée qui fait la fierté de chacun. Malheur à celui qui ne peut procréer, car ses terres lui seront confisquées par l'engeance des frères et cousins plus ou moins lointains qui se délecteront à coup sûr de l'absence de rejetons pour accaparer le butin foncier, seule richesse qui vaille pour y élever des monuments d'habitations à la gloire familiale.

Soixante ans après l'indépendance, la Kabylie continue à vivre sous le joug de la loi du sang, dont le marqueur essentiel est la propriété occupée de la terre utile. Le second marqueur est le nombre d'émigrés par famille, qui complètent le revenu familial pour accélérer la construction de la maison. Dans une famille de huit enfants, il est de tradition que les garçons arrivés à l'âge adulte se partagent le travail entre la terre, la fonction publique, l'émigration à Hassi Messaoud dans le Sud algérien, siège de la compagnie nationale des hydrocarbures (la Sonatrac), et l'émigration en France dans d'autres pays d'Europe ou en Amérique du Nord. Changement notable et récent : les filles partent également pour aider la famille. Parce que l'émigration est plus facile pour les personnes diplômées, et grâce à leur plus grand investissement dans l'éducation, les filles augmentent doublement leur chance. Les coûts pour émigrer, dans un contexte mondial de restrictions majeures des politiques d'immigration dans les pays du Nord, diminuent avec le niveau d'éducation. Parce que ces femmes diplômées peuvent aussi échapper aux contraintes patriarcales contre la mobilité des femmes. C'est ce que l'on appelle un effet d'autosélection, expliquant la surreprésentation des femmes parmi les personnes diplômées et par conséquent dans les flux d'émigration qualifiée. Parce que diplômées de l'enseignement supérieur, elles trouvent à l'étranger, en France, en Italie ou au Canada des rémunérations meilleures pour transférer l'argent au chef de famille qui ne manquera pas de réclamer son dû, autrefois par une lettre manuscrite envoyée par voie postale et aujourd'hui par un simple coup de fil ou un message WhatsApp. Les filles qui restent travaillent dans le secteur de la santé et de l'éducation et trouvent cet emploi grâce à leurs diplômes et aux agences publiques pour l'emploi. Les garçons se débrouillent par leurs relations. L'éducation supérieure sert de plus en plus de motivation pour faciliter l'émigration vers des pays lointains et nouveaux.

Toutefois, la France n'est plus l'eldorado d'autrefois. Les pays d'émigration se sont largement diversifiés : qui au Canada, qui en Autriche, qui en Pologne, qui en Australie... Le Canada par exemple, dès les années 1990 a développé une politique active en direction des jeunes Algériennes et Algériens éduqués et francophones pour les faire venir avec leurs familles afin de combler ses besoins en travailleurs dans toute l'échelle de qualifications.

En Kabylie, le travail pénible de la terre a disparu, au profit du commerce et des services de tous genres permettant d'occuper les frères et sœurs restés au pays grâce à l'envoi d'argent autorisant l'achat d'un fourgon pour transporter les voyageurs, d'un commerce d'alimentation, d'un salon de coiffure, d'une boutique de restauration, ou encore d'une petite entreprise de bâtiment. Les « barrières à l'entrée » de ces secteurs sont presque inexistantes, une fois la somme d'argent en euros nécessaire transférée, toujours au taux de change officieux, autorisant une sacrée prime de pouvoir d'achat. Ce marché parallèle parfait n'engendre aucun coût de transaction. Totalement fondé sur la confiance, alimenté par une énorme diaspora algérienne en France, il fonctionne selon un mécanisme que l'on peut qualifier de « jeu d'écriture orale » puisque, en réalité, aucun dinar algérien (monnaie non convertible) et aucun euro n'ont besoin de passer la frontière d'une rive à l'autre de la Méditerranée.

Il cohabite avec un taux de change officiel totalement administré par l'État (la Banque centrale) amarré au dollar et servant dans les transactions officielles et les échanges commerciaux. Une plus faible partie du marché parallèle est constituée d'euros en espèces transférés avec le retour des migrants. Vous avez besoin de dinars algériens pour construire une maison ou acheter une voiture ? Vous échangez au taux de change du jour (officieux) 1 000 euros pour 250 000 dinars (1 euro égale 250 dinars sur ce marché contre 1 euro pour 140 dinars sur le marché officiel), qui vous garantissent une prime de pouvoir d'achat équivalente à dix fois le salaire minimum local. Comment vous y prendre pratiquement ? Vous remettez une somme, par exemple 1 000 euros, à un membre de la famille en France « faisant des affaires », de l'importation principalement, en vous rendant dans un café à Paris, et le commerçant vous donnera le jour de votre arrivée en Algérie, de la main à la main, les 250 000 dinars qu'il aura comptés devant vous à l'aide d'une machine. Inutile de recompter, faites confiance, aucun dinar ne manquera jamais. Ce marché existe depuis les années 1970, du fait du contrôle des changes et de la non-convertibilité du dinar. Ce n'est pas une devise qui peut s'échanger librement sur le marché international des changes.

Dans la tête de la plupart des immigrés, même pour les plus précaires et analphabètes, le taux de change « officieux » est une préoccupation quotidienne, et chacun sait faire la conversion automatiquement, sans y penser.

La tyrannie des pères

Ces jours passés avec mon père au village étaient jubilatoires. Il était heureux de pouvoir se rendre en voiture au village pour la grande prière du vendredi et le soir pour la prière de la tombée de la nuit.

Nous apprécions particulièrement les moments passés ensemble à faire les courses à Bouzguène, commune de la wilaya de Tizi-Ouzou, en Grande Kabylie, située à dix kilomètres de notre village, foisonnante, désordonnée et tumultueuse. Ce mercredi matin-là, sous une canicule féroce dégageant une atmosphère brumeuse et une lumière blafarde, nous nous y rendions pour différentes démarches à la poste, à la banque et pour payer notre facture de gaz et d'électricité.

En dix ans, le parc automobile de Bouzguène a quadruplé. Sa route principale est devenue encombrée de véhicules de toutes sortes, couverte de dos d'âne fabriqués à la va-vite et abîmés par les véhicules utilitaires et les tracteurs. Le sport local des automobilistes consiste à contourner les parties surélevées du dos d'âne pour passer sur les parties aplanies, quitte à rouler à contresens, pour se ranger dangereusement à l'approche imminente du véhicule croisé. Les véhicules s'entassent les uns derrière les autres. L'été, le retour des émigrés multiplie par deux ou trois la population présentielle de cette petite ville de 25 000 habitants.

À la sortie de la ville, les dos d'âne disparaissent et les voitures peuvent enfin accélérer, les chansons de Matoub Lounès, maître du *chaâbi* kabyle, retentissant hors des véhicules. Les jeunes conducteurs peuvent s'en donner à cœur joie, saluant sur leur passage d'un coup de klaxon toutes les connaissances rencontrées.

Ce jour-là, à la sortie de cette ville anarchique, après une série de dos d'âne sauvages remue-tripes, à quelques mètres devant nous roulait à vive allure un fourgon gris, juste avant de se retourner de manière impressionnante au niveau du premier virage sérieux de sortie de ville. À cinquante mètres devant moi, la voiture s'est arrêtée miraculeusement juste au bord du fossé. J'ai donc garé mon véhicule sur le côté en allumant les feux de détresse. Mon père est resté dans la voiture lorsque je me suis précipité vers le véhicule accidenté. En m'approchant, j'ai entendu des hurlements stridents ressemblant aux cris d'animaux et j'ai imaginé trouver des femmes et des enfants blessés. J'ai été surpris de ne trouver qu'un jeune homme d'une vingtaine d'années, sain et sauf, debout dans le véhicule retourné, hurlant de toutes ses forces et de sa voix aiguë, sautillant tant qu'il pouvait pour tenter de s'échapper du véhicule, pensai-je. En m'approchant encore, je lui ai demandé si tout allait bien, ne voyant apparemment aucune blessure sur le corps du garçon rescapé. Un miracle. J'avais imaginé qu'il hurlait à cause du choc de l'accident. J'ai deviné alors plus clairement les mots prononcés par ce jeune homme bien portant, barbu comme le sont les jeunes à la mode du monde entier, habillé en bermuda et en baskets. « *Amekh ara dekablagh Vava ! Hacha tzagui inesseaa ! Yarnou tzadjdhit ! Adhenghagh imaniw ayakhir…* » (« Comment vais-je le dire à mon père ? Comment va-t-il réagir ! Mon Dieu, qu'est-ce que j'ai donc fait ! c'est la seule voiture que nous possédons. En plus elle est neuve, payée grâce à son argent gagné en France. J'aurais mieux fait de mourir dans cet accident ! Que va dire mon père ? Que va-t-il me faire ? Je ne mérite pas de vivre… ») J'étais estomaqué. J'ai essayé de le rassurer : « A *themnaadh a y a kchich, dhaya ken igshhane. Vavakh adhiferah ma ra yezer bli thamenaath*. » (« Tu es rescapé mon gars ! c'est tout ce qui doit compter et ton père va être tellement heureux de voir que tu es indemne. ») Il m'a répondu, tout en versant des torrents de larmes : « Il va me tuer ! »

C'est bien le sort réservé aux jeunes des régions rurales ou montagneuses. Quel choix peuvent-ils avoir pour trouver un emploi ? Émigrer vers la capitale ? La bulle immobilière à Alger ne cesse de gonfler, alimentée par une économie de rente. Pourraient-ils accéder à un emploi dans la grande agglomération d'Alger trouvé par des relations, les salaires seraient plus faibles que le loyer qu'ils devront avancer pour une habitation quelconque dans la capitale ou ses environs.

Ils dépendent alors des revenus de leurs pères transférés depuis l'étranger.

Les pères peuvent exercer cette tyrannie, devenue courante dans cette Kabylie où les jeunes, diplômés ou non, se retrouvent au chômage et ne recherchent à leur tour qu'une solution : la fuite vers l'étranger. Ce phénomène est bien rendu dans le film de Tariq Teguia *Rome plutôt que vous !* (*Roma Oula N'touma*) sorti en 2006. Il raconte l'errance d'un jeune couple qui ne trouve pas de perspectives dans cette Algérie post-guerre civile, et qui cherche à partir à tout prix, même s'il faut aller à Rome.

Enfin Français… à New York

J'ai été invité en 2010 pour quelques mois en tant que professeur dans une université new-yorkaise. Quelle ne fut pas ma surprise quand j'ai découvert le confort dans lequel je me trouvais soudainement. Mon prénom était prononcé sans difficultés par mes collègues américains. Le « H » de Mou-Houb se prononce bien en anglais. Le paradoxe est que je suis arrivé à New York fin 2009, en plein

« débat national sur l'identité française » lancé par Nicolas Sarkozy en France pour des raisons tactiques et d'équilibres internes et sur les conseils de son nouvel ami d'extrême droite Patrick Buisson. Ce faux débat retentissait de manière très troublante pour beaucoup d'entre nous, en particulier lors de mon séjour à New York. Professeur d'économie d'une université parisienne, fils d'immigré algérien, invité pour un semestre par une université américaine qui a été le refuge des intellectuels juifs des années 30, la New School for Social Research, ce débat sonnait comme une agression gratuite, une pure stigmatisation des immigrés et de leurs descendants. La tentation du chiffon rouge du débat sur l'identité nationale revient toujours en temps de crise politique, sociale et culturelle. Il est imposé et conduit, on le sait bien, par ceux qui l'instrumentalisent pour caresser dans le sens du poil la « population majoritaire » et lui montrer du doigt ces « Français de papier » qu'il faut alors accuser de la responsabilité de cette crise. À l'inverse, à New York, mon accent français lorsque je parle anglais, mon attitude, ma façon d'être, l'usage de tous les codes culturels français que j'ai acquis depuis mon arrivée en France, ne laissaient pas de doute sur ma francité aux oreilles et aux yeux des New-Yorkais. Et même lorsque je me présentais,

Mouhoub Mouhoud, leur réaction était soit de me demander d'épeler mon nom, soit de répéter mon nom avec leur enthousiasme habituel. Mais cela ne questionnait pas, à leurs yeux, mon identité française ; alors qu'à Paris on m'aurait instantanément demandé mes origines, même dans notre milieu intellectuel : « Algérienne », suis-je encore contraint en permanence de répéter. Et lorsque, pour répondre à la question « où ça en Algérie ? » je précise que je suis originaire de Kabylie, même dans nos milieux intellectuels éclairés, cela rassure toujours mes interlocuteurs. Les traces de la lecture raciste de la population algérienne, hiérarchisant Kabyles, Arabes, et Juifs, par les colons ou ex-colons européens sont toujours présentes dans le sens commun français[1].

Au début de ce séjour new-yorkais, après avoir parcouru dans les détails, grâce à Google Earth, les rues de New York et repéré les stations de métro les plus proches de chez moi, j'ai pris le métro à la station de la 33e Rue pour me rendre à la New School où j'avais rendez-vous avec le doyen de la faculté d'économie. Sur le quai de la ligne 6, une dame d'un certain âge, blanche américaine, m'a demandé un renseignement. Elle voulait savoir quelle ligne elle devait prendre pour une station de Brooklyn.

Je lui ai répondu avec mon accent français que je n'étais pas d'ici et que je ne pouvais donc pas la renseigner. Elle répliqua alors que je faisais pourtant très « Brooklyn ». J'avais compris que mes cheveux noirs, mes lunettes sur mon nez et ma peau blanche lui avaient donné l'impression, avant d'entendre mon accent français, que j'étais juif new-yorkais.

J'ai pris l'habitude en France, où les préjugés racistes et antisémites demeurent tenaces, d'être pris à partie par des antisémites. Évidemment, ma réaction est toujours la même : assumer et défendre la position antiraciste à tout moment et en toutes circonstances. Je n'allais sûrement pas céder à la tentation absurde de me justifier devant l'agresseur antisémite en signalant que j'étais « musulman ». Se défendre contre le racisme ou contre l'antisémitisme, c'est exactement la même chose. Je me souviens de cette insulte que j'avais subie de la part d'un homme âgé environ de quatre-vingts ans, quelques années auparavant. Ce samedi matin du 23 septembre 2005, je pédalais sur l'avenue de Saint-Mandé, à cœur joie comme à chaque fois que j'allais chercher ma fille à la sortie de l'école primaire de la rue de Picpus. En passant sur la contre-allée à proximité de ce vieil homme, celui-ci a eu peur. Je suis descendu de mon vélo, et poussé par mon éducation de respect des anciens, je suis revenu en arrière pour tenter de m'excuser de l'avoir effrayé. Et tout à coup le vieil homme s'est senti en position de force et m'a proféré une série insupportable d'insultes antisémites. Le plus drôle dans cette histoire est l'arrivée d'un homme, moustachu, probablement algérien, à l'accent arabe prononcé, qui avait pris ma défense et avait lancé au vieil antisémite : « Laissez ce juif tranquille, il ne vous a rien fait… »

Les identités assignées

J'ai traversé toutes les années de ma carrière académique sans avoir, je crois, subi de véritables discriminations liées à mon nom ou mes origines algériennes. Pourtant, président de l'université de Paris Dauphine de 2020 à 2024, j'ai eu à faire face à plusieurs reprises à des assignations qui m'ont surpris, venant d'une collègue dont je pensais qu'elle partageait mes valeurs. Avec toute la gentillesse du monde, toute l'empathie venant d'une femme de gauche, elle m'a mis en garde sur la manière dont on doit se comporter face à certaines situations lorsque l'on est un « président d'université d'origine musulmane ». L'université se trouvait face à une affaire mettant en cause un de ses responsables qui avait tenu des propos sexistes à l'encontre d'une autre employée. Il fallait faire un communiqué. Cette collègue professeure que j'apprécie beaucoup m'a alors mis en garde : « Tu es un homme, d'origine musulmane, tu dois être irréprochable et te montrer intransigeant à l'égard de cet employé. » Ce n'était donc pas seulement en vertu de ma fonction de président de l'université que je devais agir vite et faire connaître ma décision à toute la communauté. C'était en raison du nom que je porte et de ma (supposée) religion musulmane. Sans même que mon interlocutrice bienveillante se soit demandé si j'étais croyant, pratiquant, agnostique ou athée. Elle avait ajouté, en toute complicité avec moi : « Moi je sais que tu n'es pas comme ça, mais tes adversaires ne vont pas se gêner pour utiliser ton nom et tes origines dans cette affaire si tu ne te désolidarises pas fermement de cette personne qui a tenu des propos sexistes. » Une autre collègue a insisté au téléphone : « N'oublie pas que tu es un homme, d'origine musulmane, avec un nom connoté, certains vont vite te reprocher de ne pas te désolidariser de cet homme parce que les Arabes, les musulmans, les hommes de cette confession sont considérés comme étant forcément antiféministes, même si je regrette ces clichés et perceptions racistes. Je sais bien sûr que tu es tout le contraire de tout ça. »

Mon nom, mes origines, mon genre, devraient-ils me donner davantage ou moins d'obligations que les autres ? J'avais protesté en affirmant haut et fort que j'avais mille identités et que la seule qui comptait dans ma fonction de président de l'université était celle d'enseignant-chercheur au service de mon université pendant au moins un mandat de quatre ans. Je considérais mon engagement dans cette responsabilité comme un *mandat* au sens propre et au sens figuré. Je ne voyais pas ce que mon nom ou mes origines venaient faire dans cette histoire. Malgré mon nom, mon identité au travail se réduisait, pensais-je alors, à celle de professeur des universités ou d'économiste. Je croyais naïvement que le fait d'être le président de l'université ne changeait rien. Mais mon mandat à la tête de l'institution m'avait, à plusieurs reprises, confronté à l'assignation identitaire.

Peu après mon élection, j'ai été invité à un dîner rassemblant des professionnels de l'éducation. L'ambiance était formelle, empreinte d'un entre-soi évident. À mon arrivée, certaines personnes ont semblé surprises de me voir. L'apéritif s'est déroulé dans une atmosphère polie, mais guindée. Je n'avais pas mis de cravate et je ne m'étais pas rasé ce matin-là. Très vite, un conseiller régional m'a abordé pour parler de l'université. Dans un flot d'informations personnelles, il a tenu à préciser ses origines avant de me questionner sur les miennes. Lorsqu'il a compris que, malgré mon nom, j'étais d'origine kabyle, son ton s'est apaisé.

À table, j'ai été placé juste à droite du président de séance. Son discours, emphatique et théâtral, portait sur l'intégration par l'éducation. J'y ai trouvé une idée à laquelle j'adhérais. À ma grande surprise, il m'a invité à prendre la parole. J'ai parlé du rôle des lycées dans la réputation de l'université, et cela a flatté l'assemblée. Mon discours a été bien reçu, mon élocution tranchant avec la sonorité de mon nom, ce qui n'a pas échappé à mes voisins, qui l'ont souligné à plusieurs reprises.

Mais la soirée a pris une autre tournure lorsqu'un débat s'est engagé entre plusieurs personnes invitées. Le sujet ? Les « jeunes des quartiers populaires ». Selon elles, ils devaient apprendre *les codes*. L'alcool aidant, la parole s'est relâchée. « Il faut leur dire comment se comporter, comment parler, comment se tenir à table. » L'idée sous-jacente était claire : ces jeunes devaient être « civilisés ». L'une des personnes a ajouté, dans un élan paternaliste : « Ils en valent la peine, on peut en faire quelque chose, les sortir de leur misère sociale et culturelle. »

Le 9 octobre 2023, les réseaux sociaux ont explosé contre moi. Un étudiant de l'université avait été aperçu avec un drapeau palestinien sur les épaules. Aussitôt, une vague d'indignation a déferlé pour avoir laissé cet étudiant quelques instants avec un drapeau palestinien au lendemain des massacres perpétrés par le Hamas le 7 octobre. Des anciens étudiants s'indignaient, certains menaçaient d'arrêter leurs dons à l'université, d'autres exigeaient son expulsion immédiate. Très vite, les accusations ont pris un tour personnel : mon nom devenait une cible en raison de son origine arabe. M'appeler ainsi me plaçait automatiquement dans un camp contre l'autre.

L'étudiant a été convoqué et on lui a demandé de ranger son drapeau, ce qu'il a fait immédiatement. Mais pour certains, cela ne suffisait pas. Il fallait des sanctions et une exclusion. Ne comprenant ni les principes de laïcité ni ceux de liberté d'expression, ils ont relayé une fausse information déclenchant une nouvelle vague d'attaques. Sur Twitter, LinkedIn, les accusations pleuvaient. Mon nom était au centre de tout. Pourtant une déclaration condamnant les attaques était partie de ma messagerie dès le lendemain des massacres du Hamas, les condamnant tout en dénonçant aussi la riposte contre les populations civiles. Une position très majoritaire à l'université.

Quelques mois plus tard, une demande d'organisation d'une minute de silence pour Gaza, après avoir mis des conditions pour que toutes les victimes de ce conflit soient concernées, a été validée. Immédiatement, une revue militante a orchestré une cyberattaque : des milliers de messages dénonçaient une « minute de la honte ». Le jour venu, l'événement s'est déroulé dans le respect. D'un côté, des étudiants réclamaient un cessez-le-feu, de l'autre, certains brandissaient les photos des otages et demandaient leur libération. Mais après coup, une élue locale a publiquement attaqué l'université, la qualifiant de « petite boutique antisémite ». Une plainte a été déposée par l'université.

Puis est venue la polémique autour de la venue d'une député européenne, militante propalestinienne invitée à une conférence par le comité Palestine. Les tensions étaient telles qu'on nous avait avertis d'un risque d'intrusion de groupes d'extrême droite. Après concertation, nous avons décidé à l'unanimité de la direction de l'université de ne pas autoriser l'événement pour prévenir des troubles à l'ordre public. La décision a été contestée devant le tribunal administratif, qui nous a enjoint d'organiser la conférence dans un délai raisonnable. Le recours que nous avons porté devant le Conseil d'État a été vain, ce dernier confirmant la décision du tribunal administratif, tout en responsabilisant les organisateurs. J'avais défendu une posture webérienne ajoutant à l'éthique de conviction celle de la responsabilité. Mais la sauvegarde de la liberté d'expression l'emportait sur les risques de troubles à l'ordre public que nous étions pourtant les plus à même d'anticiper. Les faits nous ont donné raison : le jour de la conférence une manifestation mêlant des militants d'extrême droite a eu lieu devant l'université et un groupe commando s'est introduit dans l'université pour tenter de « faire la peau » à la conférencière.

La décision a déclenché une nouvelle vague d'attaques. Mon nom circulait, utilisé tour à tour pour justifier des accusations opposées. Un site radical créé par des anciens étudiants de l'université a lancé une campagne haineuse, alimentée par des fausses informations relayées par un ancien étudiant de l'université qui, sachant parfaitement ce qui s'était réellement passé, a maintenu la *fake news* durant tout le week-end qui a précédé la conférence. Un montage photo fabriqué de toutes pièces m'impliquait dans l'organisation de la conférence. Malgré un démenti officiel, la rumeur était lancée. Peu importent les faits, peu importent les décisions prises dans un cadre strictement institutionnel et légal, mon identité supposée a servi d'écran à des projections idéologiques et des instrumentalisations. Et dans cette guerre des récits, il n'y avait pas de place pour la nuance et la complexité.

Le marabout et la psychanalyste

Un jour, un ami m'a parlé de sa psychanalyse. Je résistais à cette démarche. Je venais d'une culture où le poids du groupe, de la famille, est prédominant, et où l'individu est placé en second dans l'ordre des priorités. Fêter son anniversaire était par exemple venu de la culture française, comme fêter Noël. Mes parents, qui souhaitaient dès notre arrivée en France que nous fassions « tout comme tout le monde », nous avaient d'emblée initiés à ce rite nouveau. Mais faire une analyse était une autre histoire. Je me suis rendu compte beaucoup plus tard, que j'avais pris la décision après avoir appris que j'allais être père de mon fils aîné, qui est arrivé six mois avant que je dépose ma thèse de doctorat. Ma psy m'avait fait remarquer, lorsque je lui avais appris la naissance de mon fils, que je n'en avais jamais parlé en séance jusque-là.

Mon analyse a duré longtemps, avec des périodes de suspension, durant lesquelles je disparaissais pendant quelques mois sans donner signe de vie, pour reprendre contact ensuite. Ma psychanalyste avait son cabinet dans le Marais comme il se doit… Je suis resté très attaché à elle, malgré les conditions déroutantes dans lesquelles elle m'accueillait parfois. Certaines séances étaient simplement burlesques. Comme le jour où je l'ai trouvée incohérente dans ses propos dans son fauteuil en cuir marron, placée derrière moi tandis que j'étais allongé sur son divan. La séance suivante, elle avait dû s'excuser platement pour cette séance perdue dans la douce euphorie de son état. En bonne lacanienne, membre de l'École de la Cause freudienne, elle m'avait tout de même fait payer cette séance absurde, où elle déblatérait des phrases insensées en réponse à mes propos. Une autre fois, elle m'avait demandé de passer le long de la fenêtre de sa cuisine pour entrer chez elle et rejoindre son cabinet, car elle avait perdu les clés de l'appartement dans lequel elle était restée enfermée plusieurs jours. Au lieu d'annuler la séance, elle me demandait de prendre des risques incroyables, ce que j'ai accepté de faire volontiers.

J'avais souvent l'impression de patiner. La seule fois où j'ai eu le sentiment d'avoir fait un pas de géant fut la soudaine prise de conscience que j'avais aussi une responsabilité dans mes relations tumultueuses avec ma mère. J'ai compris que le processus de fabrication de la dispute jusqu'à son paroxysme, sorte de jouissance paradoxale, ne relevait pas seulement d'un mécanisme univoque : les reproches de ma mère et moi souffrant de les entendre. Il procédait aussi d'un jeu équivoque d'interactions complexes, de signaux et de désirs contradictoires, envoyés à l'interlocuteur, que l'esprit considère comme le seul responsable de la dispute. Il faut être deux pour danser le tango.

Il ne s'agissait plus de la nécessaire compréhension de l'impact de mes choix en tant que fils, ceux de la double transgression, du sentiment de trahison, que je ressentais et de la culpabilité qui l'accompagnait. Car j'avais réussi la construction de mes projets et de mes choix dans et par la contradiction motrice qui me déterminait. Souffrir de la difficulté de porter un prénom redondant avec le patronyme, mais le conserver et en faire un trait d'humour, un mot d'esprit pour l'imposer aux autres, réussir l'injonction de la réussite universitaire, « devenir quelqu'un » mais transgresser la loi du père de l'interdiction du mariage mixte, et trahir l'engagement des prénoms berbéro-musulmans à donner à mes enfants, me construire comme un intellectuel libre, non rattaché à une méthodologie disciplinaire unique, sans rester enfermé dans le paradigme standard de la science économique, tout en étant soucieux de la légitimation académique de mes pairs ; rester fidèle à ma conscience d'homme de gauche tout en décidant de me porter candidat à la présidence d'une université réputée élitiste, sélective et prestigieuse pour ces raisons mêmes ; élever mes enfants dans la complexité de l'assimilation à la culture dominante, tout en exigeant d'eux de maintenir un rapport étroit avec une Algérie qui ne pouvait leur être étrangère mais à laquelle leur attachement est nécessairement beaucoup plus faible ; leur demander de ne jamais aliéner leur intime conviction et de vivre pleinement leurs désirs sans contrainte aucune, tout en leur rappelant de rester proches de leurs grands-parents kabyles et tout en exigeant d'eux, à mon tour, comme l'avaient fait en réalité mon père et ma mère, la réussite académique portée au plus haut niveau.

Cette construction dans la contradiction permanente ne peut exister sereinement que si se réalise le travail de compréhension des liens enchevêtrés entre toutes les strates culturelles, linguistiques, intellectuelles, éthiques, affectives qu'il faut pour mieux poursuivre leur superposition, leur assemblage dans l'absence de cohésion mais par le biais d'un réel trait d'union.

Il s'agissait désormais de réussir à laisser les enfants vivre leur vie, débarrassés du mandat que je ne pouvais m'empêcher de leur transmettre à mon tour sans me rendre compte de la douleur ou de la charge qu'ils allaient eux aussi subir.

À la poursuite de la transmission

Je me souviens de l'arrivée de mon fils aîné, Yassine, à l'école maternelle de la rue de Picpus, dans le 12e arrondissement, s'exclamant à haute voix, « papa c'est ici l'école polytechnique ? », ce qui m'avait valu un regard noir et accusateur de l'institutrice, sans parler du ridicule qui avait bien failli m'engloutir. Yassine, qui a fait un très beau parcours scolaire, suivi un double cursus universitaire exigeant et sélectif, et une carrière dans la finance des énergies renouvelables remarquable et qui disposait dès son plus jeune âge de belles facilités intellectuelles, avait refusé les classes préparatoires et les concours des grandes écoles, une façon à lui de ne pas céder au mandat paternel. Il jouait très bien aux échecs et avait appris à jouer sans pleurer lorsqu'il perdait. Je n'ai cessé de lui dire cette phrase qu'il comprenait sans doute assez mal : « rester digne en toutes circonstances ! ». Je leur ai appris à tous les trois à jouer aux échecs et leur ai instillé la volonté de gagner. Il m'avait semblé qu'il avait décidé un jour à l'age de sept ou huit ans d'arrêter de jouer avec moi et de m'enlever ce terrain de jeu où la bataille pour la victoire se déroule dans le champ intellectuel.

C'est peut-être sur lui que nos injonctions étaient les plus fortes et il en a certainement souffert. Nous lui avons donné le prénom Yassine, en hommage à l'écrivain algérien Kateb Yacine, l'auteur de *Nedjma*. Mais c'était aussi le prénom que ma mère me destinait, si elle n'avait pas subi la loi de sa belle-mère disait-elle docilement sans s'en plaindre. C'était la première pierre de la transmission d'impératifs.

Nous avions décidé de donner un second prénom français à nos enfants afin qu'ils aient le choix plus tard. Lui donner comme second prénom Hugo, qu'il n'a jamais accepté de porter, en lui indiquant clairement que nous l'avions choisi en hommage au grand écrivain Victor Hugo, le défenseur des opprimés et des dominés, ajoutait une deuxième pierre au poids énorme que nous faisions porter sur ses épaules.

Je prends conscience très tard de l'impact de ces choix et de la manière dont nous, ses parents, avons projeté tant d'attentes sur lui. L'une de ses façons de se défendre a été d'être un excellent élève, mais aussi de développer des comportements de contestation en étant parfois indiscipliné. Une puissance de raisonnement, un calme serein à toutes épreuves, une capacité à multiplier les couches successives d'amitiés depuis son plus jeune âge, font de lui une personnalité solide et très originale très populaire à l'extérieur comme à l'intérieur de la famille. Plus tard, sa carrière professionnelle, très brillante, ne pouvait être l'alpha et l'oméga de sa vie. La voile, son congé sabbatique de près d'un an pour se former à la navigation aux Glénans et devenir moniteur, lui ont permis de trouver une nouvelle passion. C'était aussi sa façon de se construire un peu plus loin des schémas de carrière de ses parents, pour qui le travail et la carrière se situent au premier plan.

Théo-Tarik a exploité les contradictions de son double prénom pour en faire un atout, réussir de brillantes études de médecine et devenir pédopsychiatre. Il a consacré sa thèse de médecine, en psychiatrie, à « l'expérience de la dépression chez l'adolescent enfant de migrant ». Il écrit dans son analyse de « contre-transfert de recherche », extrait d'un travail rédigé sous forme épistolaire à l'attention de Marie Rose Moro, sa directrice de recherche (2020-2021) : « J'ai entrepris un long voyage en arrière en remontant à la migration de mon grand-père de Kabylie vers la France et à l'arrivée de mon père à l'âge de dix ans. [...] (*sic*). J'ai beaucoup pensé à mon grand-père qui, dans la transgression, a migré en France avec sa famille et qui, en fondant une nouvelle lignée, a dû faire face aux conflits de loyauté, à la culpabilité et à la peur de perdre son origine, son identité, et ses terres. Tout cela apposé à la volonté de s'intégrer en France, avec toute l'ambivalence et le paradoxe que cela implique. » Dans cette conclusion de son introspection, il interroge la construction identitaire de son père, la manière dont la résolution du conflit lié à ma transgression de la loi du mariage s'est réalisée : « C'est là que le travail acharné de mon grand-père paya, lui qui avait toujours imposé l'école comme objectif primordial dans la vie de ses enfants. [...] Les sages du village kabyle lui répondirent : "Le choix de ton fils Mouhoub doit être le bon, tu t'es assuré de sa réussite, il est intelligent et raisonné, cela doit être le bon choix." La réussite scolaire et professionnelle venait comme soutenir et légitimer le choix irréparable de mon père de briser la lignée des ancêtres, le choix du métissage. » Il poursuit sur la question de son double prénom : « Je m'appelle Théo Tarik Mouhoud. Théo du grec ancien "théos" voulant dire Dieu, et Tarik voulant dire "combattant" ou "étoile du matin" en arabe. [...] Ces deux prénoms sont la preuve du conflit ancien autour du choix de mon père de créer une filiation à jamais métissée, un irréparable choix venant acter et inscrire dans le réel la transgression de mon grand-père d'avoir migré et choisi la France. »

Théo-Tarik a saisi là le rôle du mandat reçu de mon père de « devenir quelqu'un » par l'accès au savoir et aux diplômes, dont la réalisation a permis de transcender le conflit.

Il est le plus affirmatif dans sa demande d'être libre de ses choix, tout en acceptant explicitement l'existence du mandat parental comme moteur de la réussite.

Sara est celle qui a le plus souffert de l'intériorisation des impératifs reçus de ses parents. Elle a suivi brillamment des études d'économie, alors que je ne l'y invitais guère. En revanche, je n'ai cessé de l'encourager dans la voie de l'excellence universitaire qui, selon moi, se terminerait par une thèse de doctorat dans une grande université. Si elle réussit parfaitement sa carrière de fonctionnaire internationale, brillante et intelligente, elle a développé une exigence féroce vis-à-vis d'elle-même, provoquant chez elle une souffrance que je n'ai pas su détecter, ni comprendre.

Il y a quelques années, un jour de l'automne 2019, elle avait pu enfin exprimer comment elle percevait mes attentes à son égard. Je me défendais avant ce jour d'une quelconque pression et transmission pour qu'elle prenne telle ou telle trajectoire. Mais je n'avais pas pris conscience que ce dont elle souffrait était d'avoir elle-même intériorisé la contrainte implicite de la réussite académique. La proximité intellectuelle et affective qui nous unit tous les deux rend la pression intériorisée par elle-même nocive à son bien-être. Il est vrai que les enfants sont aussi dans une position paradoxale que je ne saisissais pas bien : en même temps qu'ils aspiraient à voler de leurs propres ailes et à choisir leur destinée, ils n'avaient cessé tout au long de leur scolarité de m'interroger pour les conseils sur les choix d'études, sachant ma supposée compétence et mon engagement intense sur ce sujet.

Dans une lettre que je lui avais écrite alors qu'elle étudiait à Londres, j'avais reconnu qu'il y avait bien des choses qui m'échappaient, que je ne voyais pas ou refusais de voir, peut-être inconsciemment. J'ignorais qu'elle pressentait que je n'étais pas entièrement satisfait de ses choix.

En lui suggérant de prendre des options à la London School of Economics (LSE), ouverte aux étudiants de son master à la SOAS (School of African Studies), j'ignorais le mal que cela pouvait lui causer. Je m'étais justifié d'utiliser l'écrit, j'en ai presque honte aujourd'hui, à la manière d'un essai d'auto-persuasion pompeuse et ridicule.

Je lui ai déclaré, en guise de préambule, que j'étais très fier mais surtout très heureux de la personne qu'elle était devenue. J'avouais ensuite que j'avais certainement commis une erreur en insistant sur la qualité de son école londonienne. En écrivant tout ceci, je ne faisais que poursuivre, sans le savoir, mon intrusion dans ses choix. Je continuais ma lettre en lui disant qu'elle devait faire les choses pour elle et pas pour moi, et que si elle décidait de ne pas entreprendre de thèse de doctorat, ce serait son choix que je respecte. À la relecture de ces phrases, je m'aperçois combien tout ce que j'écrivais n'était que la confirmation, la démonstration de l'existence factuelle et non seulement de l'ordre de son ressenti, de ce qu'elle me reprochait : au-delà de l'intrusion dans ses choix, leur sous-évaluation, à travers ce discours d'autojustification, d'auto-persuasion. Ces mots sont la preuve même de l'existence de la transmission d'un mandat dont les effets pour ma fille comme pour mes fils ne sont peut être pas aussi positifs que je ne pouvais le penser.

Je craignais qu'élevés à Paris, nos enfants ne deviennent des personnes arrogantes, comme me semblaient se comporter les jeunes de la bourgeoisie intellectuelle parisienne. Mon père m'avait tellement mis en garde contre le « *zoukh* », la vantardise, l'arrogance. Devenir « quelqu'un d'instruit » devait aller de pair avec l'humilité. Il fallait rester humble et montrer un respect naturel aux personnes occupant des positions sociales moins élevées dans la société, en France comme en Kabylie.

J'ai aussi longtemps souhaité que mes enfants continuent à s'intéresser et à rester attachés à notre village. Ils l'ont visité régulièrement tous les deux ans durant leur enfance jusqu'à leur adolescence. La maison familiale ne doit pas être abandonnée. Cette pression, ils l'ont ressentie tout au long de leur enfance, doublement : à travers mon père qui n'a pas manqué une occasion de le leur rappeler et à travers mes demandes plus ou moins indirectes incessantes, jusqu'au jour où j'ai cessé de m'en inquiéter.

Épilogue
Je ne suis pas un transfuge de classe !

Que veut dire la notion de « transfuge de classe », de plus en plus présente dans les écrits, utilisée abusivement et systématiquement à mon sens ? Les « transfuges de classe » sont souvent perçus comme des individus qui franchissent de manière fulgurante les frontières sociales. On les présente comme des sortes de héros modernes qui quittent leur classe d'origine pour rejoindre, à force de mérite, de travail et d'efforts, le monde des classes dominantes. Ils seraient alors l'exception qui confirme la règle. Il y a aussi ces histoires de « transfuges » de classe qui comparent l'esthétique de la bourgeoisie intellectuelle avec les conditions de vie culturelle des classes populaires dont on provient. Certains récits adossent trop souvent l'ascension sociale à la dénonciation du monde quitté, comme si l'émancipation ne pouvait se raconter qu'à travers la rupture, la fuite, la distance radicale. Cette fiction a ses limites.

La notion même de « transfuge de classe » contient en elle l'idée d'un abandon, d'un reniement, d'une trahison. Comme si changer de classe, c'était trahir sa classe. Avoir un emploi de « CSP+ » et un niveau de revenu et de consommation élevé, accéder à la culture, acquérir les codes des classes dominantes, adopter les goûts et les modes de vie de la bourgeoisie à laquelle on pense désormais appartenir, ne font pas pour autant de vous un transfuge de classe. Beaucoup d'entre nous ne « fuient » pas. Ils se *déplacent*. Ils changent de métier, de revenus, et acquièrent, en ajoutant et non en soustrayant, de nouveaux langages, de nouvelles références, de nouveaux codes. Ils importent même ces nouvelles conquêtes dans leurs milieux d'origine, les transmettent à leur tour à leurs parents, frères et sœurs, peu habitués aux réflexes sociaux des classes dominantes. Ils font évoluer toute la famille et tout le groupe social. Ils tiennent à ce que « leur réussite », qui doit aussi beaucoup à leurs familles, profite à tous et en tout premier lieu à leurs parents qui se sont sacrifiés. Ils les considèrent, eux, comme les véritables héros : partir de chez eux, sans souvent parler la langue du pays d'accueil, poussés par leur désir ardent de construire au lieu de subir leur destin dans un autre pays, dans une autre culture que la leur, requiert un immense courage et beaucoup d'intelligence. Alors leur progéniture, qui a réussi à opérer une transformation sociale, leur en est reconnaissante, leur en affecte les mérites. C'est ainsi que je considère, avec beaucoup d'autres, filles et garçons issus de cette immigration-là, mon cheminement par tâtonnement dans la vie sociale et académique française.

Les gens qui changent de statut social ne rejettent pas ou n'ont pas toujours honte de leur classe sociale d'origine, même s'ils peuvent aussi se sentir parfois éloignés des repères, se disputer avec leurs parents sur leurs choix que leurs parents et leurs familles ne peuvent comprendre. On ne peut nier que beaucoup de situations peuvent créer un fossé entre les familles et leur progéniture, se définissant ou non comme des transfuges de classe, en raison de violences subies, de refus de leurs orientations sexuelles ou de leurs choix éthiques ou politiques. Mais malgré ces heurts, ils ou elles tentent souvent à tout prix de maintenir le lien et d'assumer pleinement leurs contradictions.

Dans mon cas, la continuité est réelle. Le savoir, surtout la nécessité de l'acquérir, était présent dans ma vie comme une simple idée qui planait autour de moi, dans ce village maraboutique, coranisé et lettré, même si socialement la pauvreté était partout sauf dans quelques rares familles, dans notre tribu de Nath Idjeur. Ce qu'une analyse sociologique rapide, habituée aux statistiques des catégories socio-professionnelles, pourrait manquer de l'histoire de chacun, ce sont les éléments subjectifs qui ont pu expliquer les raisons d'une réussite à probabilité epsilonesque. Bourdieu et Passeron, dans leur ouvrage *Les Héritiers*[1], ont essayé de corriger le caractère automatique de la notion de reproduction de classe en invoquant le caractère subjectif de l'effet d'identification dans les groupes familiaux à un parent plus ou moins éloigné qui a réussi à accéder à l'enseignement supérieur.

L'hétérogénéité des trajectoires exige qu'on dépasse les schémas simplistes. Les couches successives sédimentées sont toujours là et s'interconnectent, non sans douleur, non sans friction, non sans drames parfois. Elles se superposent et s'interpénètrent. La classe d'origine ne disparaît pas : elle persiste, elle travaille en profondeur, souvent dans les silences, dans les tensions, dans les contradictions intimes. Les classes d'origine et d'arrivée peuvent s'emboîter, se répondre sans se contredire. Parfois, elles s'harmonisent.

Pour moi, les « négociations permanentes » avec ma famille, les arrangements et la compréhension des codes de la société française, la chance inouïe d'avoir rencontré des professeurs remarquables tout au long de ma scolarité, leur engagement incroyable pour l'égalité et pour le progrès pour tous, l'amitié et l'amour, m'ont permis à la fois de réaliser mes désirs et le mandat de mes parents. L'école est restée un levier de mobilité, un espace d'émancipation. C'est dans ces espaces, à la fois publics et intimes, que s'est construit mon parcours – à la croisée des désirs parentaux, du sens du devoir, de l'appel de la liberté et de l'amour. La question du mandat de transmission n'évacue pas le choix de la liberté. J'ai observé l'impératif de réussite scolaire et j'ai simultanément transgressé la loi du père et du village en choisissant l'exogamie dans le mariage. N'est-ce pas là, dans cette tension, que se joue toute construction identitaire complexe ? J'ai traîné avec moi un cortège de contradictions qui n'ont cessé de sédimenter les couches multiples d'identités difficilement définissables. C'est pourquoi je préfère, à la notion de transfuge, celle plus souple et plus ouverte de « transfigurations de classe », au pluriel. Elle traduit mieux ce mouvement de passage sans trahison, de transformation sans rupture, de complexification identitaire. Didier Eribon dans *Retour à Reims* l'exprime précisément : le sentiment de classe se transforme et resurgit, parfois avec violence, dans la vie politique, affective ou culturelle.

Chantal Jaquet[2] utilise le terme, plus neutre, de « transclasses » pour ne pas signifier la dimension de la fuite, c'est-à-dire de la trahison ou du reniement de sa classe d'origine : « Plutôt que de recourir à un heureux hasard ou à une heureuse nature, il convient d'inscrire le phénomène de transclasses sous le régime de la nécessité en le dépouillant de toute arrière-pensée morale et politique. C'est pourquoi la première tâche qui s'impose est une analyse des causes de la non-reproduction. Faute d'en comprendre l'origine, les destins d'exception servent trop souvent d'alibi au moralisme, en accréditant l'idée que chacun est pleinement responsable de son sort, et au conservatisme, en alimentant la conviction que l'ordre social reflète les mérites naturels de chacun et sanctionne à juste titre la paresse ou la bêtise. »

Refusant l'idée que la réussite individuelle relève d'un mérite moral ou d'un hasard heureux, elle appelle à replacer les trajectoires singulières dans une lecture structurelle mais non nécessairement déterministe, ancrée dans une tradition spinoziste, où tout est matière de transition et de déterminisme social ou culturel, nullement de libre arbitre. Cela n'exclut pas la notion de liberté dans les choix qu'entreprennent les individus mais disqualifie la notion de libre arbitre.

Combien de fois ai-je entendu ces remarques simplistes à propos de ma trajectoire : « Quand on veut, on peut », « Tu vois, toi, tu t'en es sorti », ou pire : « Vous, votre famille, n'êtes pas comme les autres… », signifiant par là que l'exception confirme la règle, comme on dit vulgairement. Ce discours méritocratique, qui transforme une réussite en preuve *contre* les autres, efface les rapports de domination, les inégalités systémiques, les probabilités statistiques écrasantes. Il fait de l'exception une règle morale. Pourtant, je ne suis pas une exception, loin de là. Je fais plutôt partie du haut de la courbe en cloche du nombre de personnes issues de l'immigration du Maghreb, intégrées par l'école et occupant des postes de responsabilité et de cadres sur le marché du travail que des queues de distribution aux deux pôles souvent mis en avant : les délinquants et les héros de la réussite sportive. La masse des individus issus de l'immigration et des quartiers « difficiles » qui réussissent très bien grâce à l'école, aux grandes écoles, aux universités, est invisibilisée et s'efface devant la stigmatisation des musulmans, des faux débats sur les filles voilées, et des *dealers* des quartiers pourtant moins nombreux que les premiers. Sans parler des sportifs de haut niveau. Les personnes qui ont ma trajectoire de réussite par l'école ne comptent pas dans les présentations médiatiques.

La reproduction de classe existe pour les classes les plus privilégiées dont les codes et les vertus sont la norme dominante pour accéder aux filières sélectives de l'enseignement supérieur. Elle se poursuit sans heurt : apprentissage précoce de la musique, vacances culturelles, capital linguistique, familiarité avec les institutions, gestion anticipée des concours, confiance en soi apprise dès l'enfance… Une idée reçue a été démystifiée : celle de l'accès aux mathématiques par l'existence naturelle d'une « bosse des maths » accessible à tous, quelle que soit la classe d'origine, contrairement aux lettres ou aux sciences sociales, la culture, qui seraient davantage marquées par la transmission de classe dont sont démunis les enfants de classes non privilégiées. Mais pour les mathématiques aussi, rien n'est moins évident. Nalini Anantharaman, mathématicienne membre du Collège de France, a donné une explication des barrières sociales d'accès aux mathématiques[3] : les mathématiques, c'est comme le sport de haut niveau, dont l'effort et l'apprentissage se décomposent en segments successifs incontournables en termes d'entraînement. Cet entraînement est fourni et encadré dès le plus jeune âge, en mathématiques comme en musique, par les familles des classes favorisées afin que les enfants acquièrent le goût de l'effort et passent les étapes nécessaires à l'accumulation primitive des savoirs qui feront d'eux des personnes habiles et entraînées aux exercices de mathématiques. Les familles des classes non privilégiées ne peuvent fournir elles-mêmes ce cadre d'entraînement, d'encadrement et de motivation. D'où le constat du recul de l'accès des enfants de classes populaires aux filières sélectives de l'enseignement supérieur. Les élites poursuivent un processus de reproduction simple. La méritocratie n'est alors qu'un mot pour légitimer l'héritage.

Pour ceux qui sont issus des classes non privilégiées et qui ont l'ambition d'occuper les postes de hauts fonctionnaires, de cadres supérieurs, d'universitaires, d'artistes, il s'agit d'un processus de *« production de soi »* à travers les constructions historiques individuelles et collectives. Leur parcours d'obstacles est semé d'embûches, de renoncements, de tensions entre fidélité et distance.

Alors, suis-je un transfuge de classe ? Non. Je suis le produit de plusieurs mondes entremêlés, d'une stratification d'identités, de fidélités et de bifurcations. Je suis l'expression d'une continuité traversée par des ruptures, d'un mouvement plus fluide que ne l'exprime le qualificatif de « transfuge de classe ». Nous sommes nombreux à avoir changé de classe sociale sans avoir renié, évolué sans avoir oublié, être partis sans avoir fui. Nos histoires s'inscrivent dans ces interstices entre la reproduction sociale et la fuite de la classe d'origine, entre le verrouillage des conditions initiales et l'héroïque ascension, pour traduire une idée plus promettante de la justice sociale, celle non pas de l'ascension sociale mais de ce que j'ose appeler la « réparation sociale ».

Notes

Introduction

1. Ce récit ne s'inscrit pas méthodologiquement dans la démarche de l'égo-histoire pensée par l'historien Pierre Nora. Il raconte simplement le contexte dans lequel mon parcours migratoire s'est situé depuis le pays d'origine jusqu'à la traversée des décennies 1970-2020 en France.

2. Sayad A.-M. « Les trois "âges" de l'émigration algérienne en France », *Actes de la recherche en sciences sociales*, année 1977, 15 p. 59-79 (page 59). Sayad poursuit : « *Par suite, si utiles soient-elles, les analyses de l'univers des immigrés risquent de s'enfermer dans deux discours aussi abstraits et aussi réducteurs l'un que l'autre : rapportées aux conduites, ainsi constituées en normes, de la société dominante qu'est la société d'immigration, les conduites des émigrés ne peuvent apparaître que comme des "manquements" et il ne reste, pour les expliquer, qu'à les imputer tantôt aux conditions d'existence ainsi tenues pour responsables de comportements "dysfonctionnels", tantôt aux caractéristiques socio-culturelles d'origine mais*

considérées génériquement comme un simple héritage culturel et traitées comme des "freins", des "obstacles" opposés au processus d'adaptation au nouvel environnement social. »

3. Camus, *op. cit.*, p. 63.

I. L'Algérie, 1940-1970

1. *Vladimir Nabokov : The Russian Years*, Princeton University Press, 1993.

2. E.M. Mouhoud, *Changement technique et Division internationale du travail.* Recomposition internationale des processus productifs et relocalisations industrielles, Economica, 1993.

3. Les villages kabyles sont subdivisés en clans (*adhrum*, *idherman*) avant leur démembrement lors des premiers recensements des années 1860 par l'administration coloniale française.

4. Voir Mohammed Souheil Dib, *Le Soufisme populaire algérien moderne*, Éditions ANEP, Alger 2008.

5. Mouloud Mammeri, *La Colline oubliée*, Gallimard, Folio, Paris, 1992 (première publication en 1952).

6. L'assemblée de village (*tajmat*) est la structure de base de fonctionnement des villages kabyles. Elle est composée d'un président élu (*amin*) qui est aidé d'un adjoint appelé « *ukil* ». Chaque groupe familial (dont le nombre est proportionnel aux lignages) est représenté par un *tamen* dont le rôle est de défendre les intérêts de son groupe familial et d'être responsable de lui devant la *tajmat*. La participation aux séances plénières des *tajmat* est obligatoire sous peine d'amende. Les décisions se prennent à l'unanimité car les assemblées restreintes ou plénières sont impuissantes à générer des minorités d'opposants.

Sur le fonctionnement des assemblées et comités de village, voir les pages 78-96 de la thèse de doctorat soutenue à l'EHESS par Alain Mahé, *Histoire de la Grande Kabylie, XIXe et XXe siècles, Anthropologie historique du lien social dans les communautés villageoises*, EDIF, deuxième édition corrigée, 2000 (publiée aussi chez Bouchène).

7. *Tajmaât* en langue kabyle.

8. Alain Mahé, *Histoire de la Grande Kabylie, XIXe-XXe siècle. Anthropologie du lien social dans les communautés villageoises*, Paris, Bouchène, 2001.

9. Voir G. Negadi, « Les sources de la démographie en Algérie », in *La Population de l'Algérie*, chapitre 1, *World Population Year*, CICRED Séries, 1974.

10. Voir Alain Mahé, *op. cit.*, p. 183 et suiv.

11. Cf. note 3.

12. Alain Mahé, *op. cit.*, page 186. (Chapitre sur les politiques de l'administration locale de 1857 à 1871.)

13. Même si la règle de fonctionnement des assemblées de village est encore aujourd'hui celle de l'unanimité, les villages kabyles sont partagés en « *sof* » représentant non pas des partis politiques différents mais des positionnements en termes de visions du projet à mener ou tout simplement de la conception idéologique de la vie sociale opposés. Les « *sof* » et les conflits qui les animent sont arbitrés généralement par les villages ou les familles marabouts.

14. Germaine Tillion, *Les Ennemis complémentaires*, Les Éditions de Minuit, Paris, 1960, p. 14 et 15.

15. Voir Sylvie Thénault, « Mouloud Feraoun. Un écrivain dans la guerre d'Algérie », in *Vingtième Siècle, Revue d'histoire*, 63, juillet-septembre 1999.

16. Voir à ce sujet les travaux de Ouardia Sadat-Yermèche, *Les anthroponymes algériens : étude morphologique*,

lexico-sémantique et sociolinguistique, thèse de doctorat, Université de Mostaganem, 2008.

17. Voir Alain Mahé, *op. cit.*

18. Pour la géographie de la Grande Kabylie, voir le premier chapitre du livre déjà cité d'Alain Mahé et les chapitres suivants pour les aspects économiques.

19. Voir Abdelmalek Sayad, *op. cit.*

20. Voir Albert Camus, *Actuelles III. Chroniques algériennes, 1939-1958*, Gallimard, Paris, 1958, réédité aux éditions Folio Essais Poche, 23 octobre 2002.

21. Les missionnaires, Pères blancs présents en Kabylie depuis 1873 et fins observateurs, ont témoigné également de cela dans leurs correspondances et archives.

22. Albert Camus, *op. cit.*

23. Voir le premier chapitre de ses *Chroniques algériennes*, « Misère de la Kabylie », p. 48.

24. *Idem*, p. 49.

25. L'article de Marx, « Débats sur la loi relative au vol de bois », est paru en plusieurs livraisons dans la *Rheinische Zeitung*, entre le 25 octobre et le 3 novembre 1842. Il était interdit de ramasser *1. Tout bois de forêt n'étant pas encore abattu ; 2. Tout bois vert, hors des forêts, destiné à l'exploitation ; 3. Tout bois cassé accidentellement ou renversé en troncs entiers dont l'ajustage n'a pas encore commencé ; 4. Les copeaux et bois d'œuvre se trouvant dans la forêt ou aux dépôts de bois non encore aménagés.*

26. Albert Camus, *op. cit.*, p. 35.

27. Littéralement « la maison d'en haut ».

28. Voir Hugh Robert, *Algérie-Kabylie*, Barzakh, Alger 2014, en particulier son chapitre intitulé « De la segmentarité à l'opacité », à propos de Gelne et Bourdieu et des approches théoriques à l'analyse du champ politique algérien.

29. Les caïds ne sont pas les « Kadi » (ou « Qadi » en arabe), qui désignaient dans le monde musulman un juge religieux ou un magistrat chargés de rendre des jugements conformes à la loi islamique. Les Kadis avaient une autorité pour trancher des questions de droit civil, familial et religieux.

30. Foyer creusé dans le sol servant à chauffer la maison et à la cuisine.

31. Voir Hocine Aït Ahmed, *Mémoires d'un combattant*, Sylvie Messinger, 1943, p. 42.

32. Le nom de cet individu a été modifié pour sauvegarder son anonymat.

33. Le nom de cet individu a été modifié pour sauvegarder son anonymat.

34. Guy Beaujard, *Les Couleurs du temps*, vol.1, *Des Andelys à la Kabylie*, Cultures croisées, juillet 2008.

35. Comme dans la religion juive, les musulmans pratiquent la circoncision pour confirmer leur rapport à Dieu, et la pratique est également connue sous le nom de « *tahera* », qui signifie purification.

36. Diwan I., Mouhoud E.M. (2016), « Regional and Global Integration in the Middle East and North Africa ». In *The Economies of the Middle East and North Africa*, Ishac Diwan and Ahmad Galal Editors, Palgrave, London, Forthcoming, January 2016.

II. La France, 1971-2025

1. Le 1 % patronal ou encore le 1 % logement correspond au dispositif d'aide au logement initié en 1943, financé par la PEEC – Participation des employeurs à l'effort de construction, versée chaque année par les

entreprises du secteur privé et du secteur agricole de plus de 50 salariés. Jusqu'en 1992, le taux de la participation à reverser était fixé à 1 % de la masse salariale de l'année précédente, d'où le nom du dispositif. Aujourd'hui la PEEC représente 0,45 % de la masse salariale.

2. Voir Hélène Steinmetz, « Les Chalandonnettes. La production par le haut d'une accession bas de gamme », *Politix*, volume XXVI – n° 101/2013, p. 21-48.

3. Un tiers des fils et filles d'immigrés en emploi occupent, entre 35 et 50 ans, un emploi plus qualifié que leur père au même âge : voir par exemple Okba, Marhez, « Métiers des pères et des descendants d'immigrés : une mobilité sociale davantage liée à l'origine sociale qu'à l'origine géographique », Dares. Analyses/Indicateurs – n° 58, septembre 2012 - 12 p. Voir aussi pour une vue d'ensemble Dherbecourt, Clément, « La mobilité sociale en France : que sait-on vraiment ? », France Stratégie – septembre 2020 - 12 p.

4. La seconde T1 était orientée vers les sciences appliquées, la mécanique, l'électronique, et les techniques industrielles. Elle permettait aux élèves de s'orienter vers des études techniques supérieures ou des formations professionnelles dans les domaines industriels. La seconde C était orientée vers les matières scientifiques, avec un accent sur les mathématiques, les sciences physiques, et les sciences de la vie et de la terre (SVT). Elle était destinée aux élèves souhaitant poursuivre des études supérieures dans les sciences.

5. Pluriel d'« *amjah* » qui signifie littéralement « l'écorché vif » et fait référence aux émigrés qui sombrent dans la souffrance pour avoir abandonné leurs familles.

6. L'usine sakkham · Aït Menguellet · Nieznany · Aït Menguellet : Double Best ℗ 2011 MLP Released on: 2011-01-01

7. Mouvement de lutte contre le racisme et l'antisémitisme.

8. Pratique mise en place par le ministre de l'Éducation nationale de Giscard d'Estaing, René Haby.

9. Ce mythe entretenu de la supériorité kabyle a justifié un investissement scolaire vers la fin du XIXe siècle de l'administration coloniale, stoppé net au milieu des années 1920. On pouvait ainsi lire dans le manuel scolaire de L. Gallouedec et F. Maurette (1922), *Enseignement primaire supérieur. La France et ses colonies*, p. 278, cité par A. Mahé, *op. cit.* (p. 304) : « la population de l'Algérie très composite comprend un assez grand nombre d'Européens mais beaucoup plus d'indigènes… L'élément indigène comprend surtout : 1° des Kabyles ou Berbères actifs, industrieux… ; 2° Des Arabes indolents et fatalistes… »

10. Concernant le « mythe » kabyle et sa mise en avant comme instrument de division des indigènes, y compris la discussion scientifique de la réalité de ce « mythe », voir Alain Mahé, *Histoire de la Grande Kabylie*, *op. cit.* livre II, p. 147-172.

11. Stéphane Beaud, Michel Pialoux, *Violences urbaines, violences sociales. Genèse des nouvelles classes dangereuses*, Fayard, Paris, 2003 (425 p.).

12. Jean-Luc Einaudi, *Un Algérien. Maurice Laban*, Le Cherche Midi éditeur, 1999, chapitre III (p. 39).

13. Benjamin Stora, *Histoire de la guerre d'Algérie, 1954-1962*, La Découverte, Repère Poche – 8 avril 2004.

14. Jean-Luc Einaudi, *op. cit.*, p. 116.

15. *Ibid.*, p. 125.

16. Cité par J.L. Einaudi, *op. cit.*, p. 145.

17. *Ibid.*, p. 181-183.

18. Né en 1918 et décédé en 2008, chrétien et humaniste, il rejoint dans la Résistance le père Chaillet, fondateur des *Cahiers du témoignage chrétien* et de l'Amitié chrétienne, un réseau interconfessionnel de sauvetage des Juifs et autres victimes du nazisme.

19. J.-B. Pontalis a consacré un livre sur l'amitié intitulé *Le Songe de Monomotapa* (Gallimard) dans lequel je me retrouve totalement.

III. Les forces de rappel

1. Alain Mahé, *op. cit.*

Épilogue. Je ne suis pas un transfuge de classe !

1. Pierre Bourdieu.

2. Voir Chantal Jaquet, *Les Transclasses ou la non-reproduction* (rééd.) Paris, Presses Universitaires de France, coll. « Quadrige », 2025 et Jaquet Chantal, Gérard Bras, *La Fabrique des transclasses*, Presses Universitaires de France/Humensis, 2018 – 280 p.

3. « Favoriser la réussite à l'école : encourager le sens de l'effort », dans le cadre de la soirée de lancement de l'initiative du Collège de France *Agir pour l'éducation – Un enjeu scientifique pour la société*, 18 janvier 2023.

Remerciements

Mes remerciements les plus vifs s'adressent à Hugues Jallon, dont les conseils lumineux et l'investissement intense m'ont permis d'écrire ce livre. Merci également à Vassili Sztil qui a repris en main l'édition de ce texte. Je remercie aussi chaleureusement Karima Dirèche, historienne, directrice de recherche au CNRS, qui a relu ce texte, particulièrement la partie historique concernant la Kabylie. Merci aussi à Sara et Christine dont les relectures m'ont encouragé à aller jusqu'au bout de ce projet et à Noureddine pour une lecture ultime. Toute erreur ou inexactitude demeurent de ma seule responsabilité.

Du même auteur

L'immigration en France. Mythes et réalité
Fayard, 2017

Mondialisation et délocalisation des entreprises
La Découverte, 2017

Le Savoir et la Finance. Liaisons dangereuses au cœur du capitalisme contemporain,
avec Dominique Plihon
La Découverte, 2009

L'Europe et ses migrants. Ouverture ou repli ?
avec Joël Oudinet (dir.)
L'Harmattan, 2007

Sauver Marx ? Empire, multitude, travail immatériel,
avec Pierre Dardot et Christian Laval
La Découverte, 2007

Les Nouvelles Migrations. Un enjeu Nord-Sud dans la mondialisation (dir.)
Universalis, 2006

Économie internationale, avec Anne Hanaut
Vuibert, 2002

Connaissance et mondialisation,
avec Michel Delapierre et Philippe Moati
Economica, 2000

Scénario pour une nouvelle géographie économique de l'Europe, avec Lionel Fontagné,
Françoise Maurel et Pascal Petit
Commissariat général du Plan, Economica, 1999

La Nouvelle Nationalité de l'entreprise dans la mondialisation,
avec Jean-Louis Levet, Gabriel Colletis
Commissariat général du Plan,
La Documentation française, 1999

Table

RÉALISATION : NORD COMPO À VILLENEUVE-D'ASCQ
IMPRESSION : CPI-FRANCE
DÉPÔT LÉGAL : SEPTEMBRE 2025. N° : 157636 (2086175)
IMPRIMÉ EN FRANCE